"十四五"职业教育国家规划教材

U0590162

高等职业教育新形态一体化教材

中国学前教育研究会教师发展专委会推荐教材

# 地　理（第三版）

主　编　喻秀莲　刘　蕙　李新平
副主编　陈永红　刘　雁　达日玛
　　　　梁月琴　赵运兵

中国教育出版传媒集团

高等教育出版社·北京

内容提要

　　本书是"十四五"职业教育国家规划教材,中国学前教育研究会教师发展专委会推荐教材,供五年制高职高专学前教育专业使用。本书旨在帮助学生从自然和社会的各个方面去理解人类活动与地理环境之间的关系,树立科学的资源观、人口观、环境观及可持续发展观,培养学生综合分析问题和解决问题的能力。

　　本书内容包括自然地理和人文地理两部分,二者均以人地关系为主线展开。前四章为自然地理,从认识地球、尊重自然和保护环境的角度介绍地球所处的宇宙环境、地球的圈层结构和表面形态、地球上的大气和水等自然地理基础知识;后六章为人文地理,本着人类在发展社会生产力的同时,必须实现人类与环境和谐统一这一理念。介绍人口、城市与地理环境、农业和工业的地域形成、人类活动的地域联系、人类与地理环境的协调发展等人文地理基础知识。

　　本书在全新课程理念的引领下,编排了典型生动的案例、形象直观的图像、丰富多彩的活动,提供微课、视频、测一测、拓展阅读等多种融媒体资源供学生学习研讨,这些内容的设计有助于激发学生的学习兴趣,加深其对地理环境的理解和适应能力,帮助学生获得系统的、结构化的地理知识,更好地认识"生活中的地理"。

## 图书在版编目（CIP）数据

　　地理／喻秀莲，刘蕙，李新平主编. --3版. --北京：高等教育出版社，2024.6
　　ISBN 978-7-04-061694-1

　　Ⅰ.①地… Ⅱ.①喻…②刘…③李… Ⅲ.①地理学-高等职业教育-教材 Ⅳ.①K90

　　中国国家版本馆CIP数据核字（2024）第030784号

DiLi

| 策划编辑 | 马玉珍 | 责任编辑 | 李伟楠 | 封面设计 | 李小璐 | 版式设计 | 于　婕 |
| 责任绘图 | 黄云燕 | 责任校对 | 张慧玉　刁丽丽 | 责任印制 | 赵　佳 | | |

| | | | |
| --- | --- | --- | --- |
| 出版发行 | 高等教育出版社 | 网　　址 | http://www.hep.edu.cn |
| 社　　址 | 北京市西城区德外大街4号 | | http://www.hep.com.cn |
| 邮政编码 | 100120 | 网上订购 | http://www.hepmall.com.cn |
| 印　　刷 | 天津市银博印刷集团有限公司 | | http://www.hepmall.com |
| 开　　本 | 787 mm×1092 mm　1/16 | | http://www.hepmall.com |
| 印　　张 | 12.75 | 版　　次 | 2012年10月第1版 |
| 字　　数 | 280十字 | | 2024年6月第3版 |
| 购书热线 | 010-58581118 | 印　　次 | 2024年9月第2次印刷 |
| 咨询电话 | 400-810-0598 | 定　　价 | 47.80元 |

# 第三版前言

由全国多所幼儿师范高等专科学校地理教师共同编写的"十四五"职业教育国家规划教材、中国学前教育研究会教师发展专委会推荐教材《地理》(第二版),在近些年的使用中,收到了很好的反响。为保持教材的质量,编写团队秉承与时俱进的优良传统,在充分学习领会最新教育理念和广泛征求意见的基础上,再次启动了教材的修订工作。

《地理》(第三版)是面向五年制高职高专学前教育专业的地理课程教材。它兼顾学生自身地理科学素养的发展及未来职业发展的需要,教材内容以高中地理知识为基础,根据学前教育专业的职业需求做了一定的选取和补充。本次修订主要遵循教育部《高等学校课程思政建设指导纲要》和《普通高中地理课程标准(2017 年版 2020 年修订)》的要求,结合《幼儿园教育指导纲要》及《3~6 岁儿童学习与发展指南》关于儿童科学教育的目标和要求,明确五年制高职高专学前教育专业学生应具备的地理科学核心素养和发展需要。此外,在修订过程中还广泛征集了使用本教材的教师及学生的意见和建议,在此基础上对原教材进行了系统梳理、全面提升和完善,力求反映我国十余年来高职高专学前教育专业地理课程改革的成果,吸取同类教材的先进经验。整个修订过程凝聚了编者、使用本教材的教师和学生的集体智慧。

此次修订的《地理》(第三版)具有以下特点:

1. 彰显学科优势,体现地理教材的德育价值。地理学科是对学生进行直观、生动、具体的辩证唯物主义、爱国主义、可持续发展观念以及国情、国策教育的主渠道之一。为此,本教材充分考虑课程思政的融入,尤其是党的二十大报告中提出的"道路自信、理论自信、制度自信、文化自信""绿水青山就是金山银山"等重要理念的融入,我们及时调整优化了有关的教材内容。在增强学生"四个自信"方面补充中华民族优秀传统文化、我国科学家的重要贡献,以及国民经济发展中的新技术和新成就等内容;在激发学生爱国之情、报国之心方面引入我国的基本地理国情及重大工程建设成就;在培养学生可持续发展观念方面介绍全球及我国所面临的环境与发展问题,增强学生对资源、环境的保护意识和法治意识。

2. 突出师范性,体现学前教育特色。地理是一门实用性很强的学科,面对五年制高职高专学前教育专业的学生,我们从学得懂、用得上的角度选编教材内容,需详则详,需略则略,不强求知识本身的全面性,知识内容侧重于满足学前教育学生基本的地理科学素养和未来工作的职业需求;教材结构在保持科学性的基础上追求新颖与活泼,内容编排图文并茂、声像结合,信息丰富多彩、动静交替,有效提高了教材的可读性、可视性及趣味性;在教材的语言表述、插图、案例、练习、阅读材料等方面凸显学前教育的特色。例如,教材的编写参考了幼儿园科学领域教学对地理知识的需求,对内容进行了调整,如"行星地球"模块增加了"月相变化""历法"等内容;另外,教材中"课前活动""课后阅读"及"活动"等板块还融入了童话故事、儿童游戏、科学小实验、幼儿园教育活动案例等内容,具有很强的学前教育专业特色。

3. 充分利用现代信息技术,建设新形态一体化教材。本教材具有丰富的课程资源,除了传统的纸质文字、图像、表格等内容外,还以二维码形式融合了视频、拓展阅读、微课等多种多样的融媒体资源,供学生自主学习和拓展。此外,除了每一单元的"测一测"外,本教材还编制了配套的试题库,供学生课后练习和教师出卷使用。

4. 引用学科前沿动态,凸显时代特征。地理案例的选取紧密结合生产和生活实际,选取当今世界最新、最典型、最有代表性的实例,做到理论与实际相结合、与时代相吻合,如碳达峰和碳中和、新型城镇化、森林城市群等;地理科学发展的最新成果也融入教材,如嫦娥工程"无人月球探测计划"完成、《"十四五"工业绿色发展规划》发布、珠穆朗玛峰最新高程、人口普查最新数据等。

本书主编为喻秀莲、刘蕙、李新平,副主编为陈永红、刘雁、达日玛、梁月琴、赵运兵。编写分工如下:福建幼儿师范高等专科学校喻秀莲编写第一章、第五章、第六章;徐州幼儿师范高等专科学校刘蕙编写第三章、第九章、第十章;运城幼儿师范高等专科学校李新平、赵运兵编写前言、第七章、第八章;安阳幼儿师范高等专科学校陈永红编写第二章、第四章。第一、二、三、四、七章微课制作及部分融媒体资料的筛选由聊城幼儿师范学校的刘雁完成;第五、六、八、九、十章微课由内蒙古民族幼儿师范高等专科学校的达日玛和梁月琴制作。

由于编者能力与编写时间等因素所限,教材难免存在不妥之处,恳请学界同仁批评指正,以便再版时更正。

编者

2023 年 12 月

# 目　　录

# 第一章 行 星 地 球

　　宇宙茫茫,星空浩瀚。在茫茫星海中,地球看似一颗普通的行星,但它却是人类的母亲、生命的摇篮。地球上拥有多样的生命、明媚的阳光、肥沃的土壤、清新的空气、潺潺的流水,这些都与地球所处的宇宙环境密切相关。

## 【学习目标】

　　通过对本章的学习,应实现以下目标:

1. 了解地球所处的宇宙环境。

2. 了解太阳、月球对地球的影响。

3. 了解地球自转和公转的规律。

4. 掌握地球自转和公转的地理意义。

## 第一节　宇宙中的地球

 **课前活动**

[童话故事]　　　　　　　　　**绿精灵找妈妈**

在一个风和日暖的日子里,绿精灵告别了地球妈妈,欢快地开始了它的太空旅行。它越飞越高,越飞越远,觉得身体越来越轻,突然它感觉周围一片寂静,这大约就是宇宙空间了。这时,兴奋的绿精灵害怕了,它想回家;可是,离开地球那么远了,怎么找到回家的路呢?迷路的绿精灵急忙求助于太阳公公、月亮姐姐,还有火星、金星、木星、土星和水星阿姨,在他们的指点下,它终于找到了养育它的地球妈妈。

请思考:这个童话故事说明了什么?

## 一、地球在宇宙中的位置

宇宙是一个物质世界,由各种天体组成。我们仰望苍穹,白天可以看到太阳,晚上可以看到圆缺多变的月亮、闪烁的恒星和在缓慢移动的行星,有时还可以看到轮廓模糊的星云、一闪即逝的流星和拖着长尾的彗星。借助天文望远镜和其他天文探测手段,还可以探测到存在于星际空间的气体和尘埃等。所有这些都是宇宙间物质的存在形式,通称为天体。地球也是宇宙中的一个天体。在各种天体中,最基本的是恒星和星云。

### 1. 形形色色的天体

(1)恒星:恒星是由炽热气体组成的、能够自己发光的球状或类球状天体(图1.1)。夜空里的点点繁星差不多都是恒星。恒星距地球十分遥远,人们用肉眼很难察觉恒星的运动,因而古人把它们叫作"恒星"。实际上,所有的恒星都在不停地运动和变化着。

(2)星云:星云是由气体和尘埃物质组成的、呈云雾状外表的天体(图1.2)。同恒星相比,星云具有质量大、体积大、密度小的特点。星云的物质十分稀薄,主要成分是氢。

图1.1　太阳

太阳是离我们地球最近的恒星,太阳光从太阳到达地球需8分多钟。

图1.2　蟹状星云

（3）行星：行星是在椭圆轨道上环绕恒星运行的、近似球状的天体。行星质量比恒星小得多，本身不发光，靠反射恒星的光而发亮。土星是环绕太阳运行的一颗行星(图1.3)。

（4）卫星：卫星是环绕行星运行的天体。不同卫星的大小差别很大，最大的直径超过5 000千米，小的直径只有几千米。月球是地球唯一的天然卫星(图1.4)。

（5）彗星：彗星是在扁长轨道上绕太阳运行的一种质量较小的天体，具有云雾状的独特外貌(图1.5)。

图1.3　土星

图1.4　月球

图1.5　哈雷彗星

哈雷彗星是第一颗经推算预言必将重新出现而得到证实的著名大彗星。它的公转周期约为76年。

双子座流星雨

（6）流星体：流星体是行星际空间的尘粒和固体小块，数量众多。众多的流星体与地球相遇时，会与地球大气摩擦燃烧，产生转瞬即逝的流星现象。

## 阅读

### 星　　座

由于恒星距离地球非常遥远，除了太阳外，所有的恒星在我们看来都是一个个小小的亮点，而且数量众多，这给观测带来了不便。古时候，人们为了便于认星，把星空分为若干区域，这些区域称为星座。他们又把同一星座中那些相邻而较亮的恒星联成各种不同的图形，根据这些图形，就能辨认不同的星座以及星座中的恒星了。国际天文学联合会把全天分成88个星座。有些星座在神话传说中还有好听的名字和美丽的故事，如大熊座(图1.6)、猎户座(图1.7)。

图1.6　大熊座

图1.7　猎户座

由于地球的自转和公转,人们在地球上观察到的星空不是一成不变的。同一时间,不同纬度的星空不相同;同一纬度,不同季节的星空也不相同。

### 2. 多层次的天体系统

宇宙中的天体都在运动着。在万有引力的作用下,天体之间相互吸引和相互绕转,形成天体系统。天体系统有不同的层次。地球所处的天体系统,从低到高依次为地月系、太阳系、银河系和总星系四个层次(图 1.8)。在每一层次的天体系统中,地球都有其相应的位置。

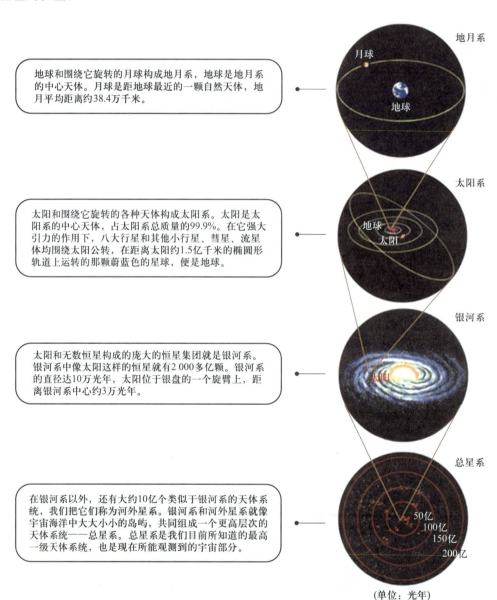

地球和围绕它旋转的月球构成地月系,地球是地月系的中心天体。月球是距地球最近的一颗自然天体,地月平均距离约38.4万千米。

地月系

太阳和围绕它旋转的各种天体构成太阳系。太阳是太阳系的中心天体,占太阳系总质量的99.9%。在它强大引力的作用下,八大行星和其他小行星、彗星、流星体均围绕太阳公转,在距离太阳约1.5亿千米的椭圆形轨道上运转的那颗蔚蓝色的星球,便是地球。

太阳系

太阳和无数恒星构成的庞大的恒星集团就是银河系。银河系中像太阳这样的恒星就有2 000多亿颗。银河系的直径达10万光年,太阳位于银盘的一个旋臂上,距离银河系中心约3万光年。

银河系

太阳

在银河系以外,还有大约10亿个类似于银河系的天体系统,我们把它们称为河外星系。银河系和河外星系就像宇宙海洋中大大小小的岛屿,共同组成一个更高层次的天体系统——总星系。总星系是我们目前所知道的最高一级天体系统,也是现在所能观测到的宇宙部分。

总星系

50亿
100亿
150亿
200亿

(单位:光年)

银河系

图 1.8　天体系统

**活 动**

根据天体系统的层次关系,完成下面的概念图(图1.9),并说明地球在宇宙中的位置。你还有其他的表示方法吗?请以概念图的方式画出来。

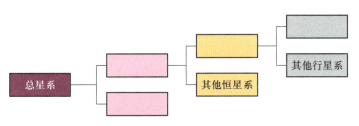

图 1.9　天体系统的层次

天体与天体系统

## 二、地球是太阳系中的一颗普通行星

在目前已知的太阳系八大行星中,按照距离太阳由近及远的顺序,依次为水星、金星、地球、火星、木星、土星、天王星、海王星。地球与其他七颗行星一样,均在同一接近于圆形的椭圆形轨道平面上,自西向东围绕太阳公转(图1.10)。

图 1.10　太阳系模式图

按照与太阳的距离、自身质量与体积等特征,通常将八大行星分为类地行星、巨行星和远日行星(表1.1)。仅从数据来看,地球与其他七颗行星相比,并无特殊之处。从这个角度讲,地球是太阳系中的一颗普通行星。

金星是什么样的?

表 1.1　　太阳系八大行星的质量、体积比较

| 行星 | | 质量(地球为1) | 体积(地球为1) |
|---|---|---|---|
| 类地行星 | 水星 | 0.05 | 0.056 |
| | 金星 | 0.82 | 0.856 |
| | 地球 | 1.00 | 1.000 |
| | 火星 | 0.11 | 0.150 |

续表

| 行星 | | 质量（地球为1） | 体积（地球为1） |
|---|---|---|---|
| 巨行星 | 木星 | 317.94 | 1 316.000 |
| | 土星 | 95.18 | 745.000 |
| 远日行星 | 天王星 | 14.63 | 65.200 |
| | 海王星 | 17.22 | 57.100 |

### 冥王星"惨遭降级"

2006 年 8 月 24 日,国际天文学联合会第二十六届大会投票决定,放弃将冥王星之外的太阳系八大行星称为"经典行星"的说法,从而确认太阳系只有 8 颗行星,冥王星遭到"降级"。

8 月 24 日的布拉格阳光灿烂,但在布拉格的国际会议中心,却似乎可以闻得到火药味。当地时间 24 日 14 时(北京时间 24 日 20 时),国际天文学联合会大会举行闭幕会议,2 500 多名来自世界各国的天文学家对行星定义决议草案进行投票表决。位居太阳系九大行星末席 70 多年的冥王星,自发现之日起地位就备受争议。经过天文学界多年的争议以及本届国际天文学联合会大会上数天的争吵,冥王星终于"惨遭降级",被驱逐出行星家族。从此,这个游走在太阳系边缘的天体将只能与其他一些差不多大的"兄弟姐妹"一道被称为"矮行星"。

此次大会把行星重新定义为:"行星"指的是围绕太阳运转、自身引力足以克服其刚体力而使天体呈圆球状、并且能够清除其轨道附近其他物体的天体。按照新的定义,太阳系行星将包括水星、金星、地球、火星、木星、土星、天王星和海王星,它们都是 1900 年以前被发现的。冥王星虽具有足够的质量、呈圆形,但不能清除其轨道附近其他物体,所以被称为"矮行星"。

冥王星的降级事件说明人类求知的欲望和科学探索是永无止境的。

## 三、地球上存在生命物质的条件

地球虽然只是太阳系中一颗普通的行星(图 1.11),但它却是太阳系中唯一一颗适合生物生存和繁衍的行星。地球之所以成为生命的温床、人类的家园,得益于它得天独厚的宇宙环境及其自身独特的条件。

### 1. 安全稳定的宇宙环境

在恒星世界里,有半数以上的恒星成双成对或三五成群地分布,而太阳系的中心天体——太阳则是一颗单星。太阳周围的恒星比较稀疏,这就使得太阳受其他恒

图 1.11　从太空看地球

星的干扰很小,自身运行比较稳定。从地球诞生到地球上原始生命形成继而进化到高级智慧生命这一长达几十亿年的漫长历程中,太阳这颗恒星,其本身也正处于生命周期

中极其稳定又旺盛的时期。太阳的稳定性,赋予了地球非常稳定的光热条件,使地球上生命演化的各级成果几乎没有遭到毁灭性的破坏,并且能够持续地向更高级的结构发展。

还有地球所处的行星际空间,大行星、小行星等众多天体依照同向性、共面性等规律绕日公转,它们各行其道,互不干扰,赋予了地球安全有序的行星际空间环境。太阳系各大行星的"兄长"——木星,又以其巨大的质量和体积,有效地吸引了可能飞向地球等大行星的不速之客——小行星,成为地球生命环境的一道安全屏障。

### 2. 冷暖相宜的温度

约 1.5 亿千米的日地平均距离,使地球恰好处在太阳系的适宜空间范围内,从而使地球表面拥有了适于生命过程发生和发展所需的适中温度(地球表面平均温度约 15℃)。据测算,如果将日地距离缩短 5%,那么地球就会因温度过高,热扰动太强而使原子不能结合在一起构成分子,更不用说形成复杂的生命体了;如果日地平均距离增加 1%,那么地球将成为冰天雪地的世界,由于温度过低,分子牢牢地聚集在一起,只能以固体或晶体形态存在,也不可能形成高级生命。

### 3. 适于生物呼吸的大气

地球的"体重"和"个头"适中,其引力可以使大量气体聚集在地球周围,形成包围地球的原始大气。但地球诞生之初的大气缺少氧,主要由二氧化碳、甲烷和氨组成。经过漫长的大气演化过程,逐渐形成了以氮和氧为主的适合生物呼吸的现代大气。如果地球的质量和体积太大,引力过强,就会把原始大气中的氢和氦等都原封不动地保留下来,使地球周围保持太厚的大气层和太多的有害气体,而且地表还会集结大量的水,使整个地表都被水体覆盖,不利于高级生命的形成。相反,如果地球的质量和体积太小,引力过弱,地球上的大气又会逃逸到太空,地球将不能形成并保持住大气和液态水,地表将成为无垠的沙漠,生命将无法形成。

### 4. 滋润万物的液态水

原始地球内部放射性元素衰变致热和地球重力收缩,使地球内部温度升高,结晶水汽化。这些水汽通过火山活动等形式逸出地表,逐渐冷却、凝结形成降水,汇集到地表低洼地带,形成了原始的海洋。原始生命便在海洋中诞生,并向陆地进发,进而繁荣着地球的每一个角落,形成了今天生机勃勃的地球。

综上所述,地球具备了安全的宇宙环境、稳定的光照、适中的温度、适宜的空气、丰富的液态水……这些因素恰到好处地结合在一起,生命的出现和进化就不足为奇了。

地球是迄今为止我们所知道的唯一存在智慧生命的星球。虽然从宇宙创生学的角度来看,地球可能不是宇宙中唯一有生命的天体,但却可以肯定,它是宇宙中的"亿载难逢"或"亿里挑一"。千百年来,人类一直没有停止过对宇宙的探索和对地外文明的追寻,希望能够找到像地球一样的支持生命活动并有高级智慧生命存在的星球。

然而,星海茫茫,知音难觅。人们一次又一次地把探索的目光投向宇宙更远更深处(图 1.12)……

图 1.12　星海浩瀚·知音何在　　测一测

## 第二节　太阳、月球与地球的关系

### 课前活动

[科学探索]

　　我国著名科学家竺可桢在 20 世纪 30 年代研究我国气候变迁时就发现,长江流域、黄河流域的降水量与太阳黑子的变化有一定的相关性。请你根据图 1.13 分析,太阳黑子的活动周期是多少年? 降水量的变化周期是多少年? 它们之间有何相关性?

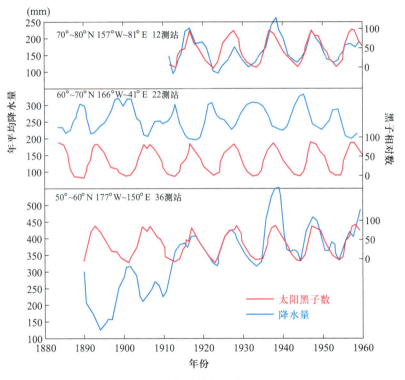

图 1.13　太阳黑子与降水量的变化

　　太阳、月球是距离地球较近的两个天体,也是宇宙中与地球关系最密切的两个天体。它们直接或间接地影响人们的生活和生产,其中有正面影响,也有负面影响。我们了解这些影响,既可以更好地利用其有利的一面,造福人类;又可以做好充分准备,使不利的影响降到最低。

## 一、太阳对地球的影响

### 1. 太阳是地球能量的主要来源

太阳的一生

太阳是一个巨大炽热的气体球,表面温度约为 6 000 K。它以电磁波的形式源源不断地向四周放射能量的现象被称为太阳辐射。太阳辐射能量巨大,虽然只有其中的二十二亿分之一到达地球,但是对地球和人类来说却意义非凡。它不仅给地球带来了光和热,滋养着万物的生长,还是促进地球上水、大气运动和生物活动的主要动力,成为地理环境形成和变化的主要影响因素;同时也为我们日常生活和生产提供能源(图1.14)。

太阳直接为地球提供了光和热,地球上的生物生长发育离不开太阳。

(a)

太阳辐射能是促进地球上的水、大气、生物活动和变化的主要动力。水能、风能和生物能都是由太阳能转化而来的。

(b)

生产和生活中大量使用的化石燃料如煤、石油、天然气等,是地质历史时期生物固定以后积累下来的太阳能。

(c)

太阳辐射能是我们日常生活和生产所使用的太阳灶、太阳能热水器、太阳能电站的主要能量来源。

(d)

图1.14　太阳为地球提供能量

**阅读**

### 太阳为什么会发光发热？

19世纪末，地质学家发现了地球上最古老的岩石可能存在了几十亿年的证据，也就是说，太阳照耀地球已有几十亿年了。太阳这种神奇而又似乎永不枯竭的能量是从哪里来的呢？经过科学家们不懈地探索，终于发现了这个奥秘。

原来，构成太阳的主要元素是氢和氦，它们在太阳内部高温高压的环境下，发生着核聚变反应，即四个氢原子核聚变成一个氦原子核。在核聚变过程中，太阳所损耗的一部分质量转化为巨大的光和热释放出来。计算和实验表明，一克氢完全聚变成氦，可以释放约630万亿焦的热量，约相当于29吨标准煤完全燃烧所放出的热量。可想而知，太阳的能量是多么巨大。由于太阳的质量太大了，在过去的50亿年时间里，太阳因核聚变所亏损的质量仅是它本身质量的0.03％。所以我们不用担心它的质量会被用完，况且目前，太阳正处于它生命中最旺盛的时期。

#### 2. 太阳活动对地球的影响

太阳大气局部区域的剧烈运动，称为太阳活动。黑子和耀斑是太阳活动的重要标志。

 **阅读**

### 太阳的大气层结构

太阳结构分为内部结构和外部结构。目前我们所能直接观察到的是太阳的外部结构，即太阳的大气层，它由里向外分为光球、色球和日冕三层（图1.15）。平常我们用肉眼可以看到的是太阳的光球层。

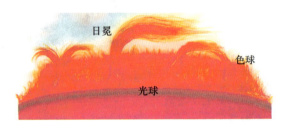

图1.15　太阳大气的结构

在太阳耀眼的光球表面常出现一些暗黑的斑点，叫作太阳黑子（图1.16）。太阳黑子并不是黑的，它只是相对于光球层上其他的区域温度要低一些（比周围温度低约1 500℃），所以在明亮的背景下显得暗一些。太阳黑子的多少和大小可以作为衡量太阳活动强弱的标志。

太阳上最剧烈的活动要数耀斑的爆发了（图1.17）。耀斑是色球层上的某些区域有

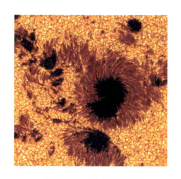

图 1.16　太阳黑子

图 1.17　太阳耀斑

时突然出现的增大、增亮的斑块。它是太阳大气高度集中的能量释放。其特征是来势猛、能量大,在短短的一二十分钟内释放的能量相当于地球上十万至百万次强火山爆发的能量总和。耀斑爆发时,它会向宇宙放射出很强的无线电波,大量的紫外线、X 射线,并抛出大量的高能带电粒子。

黑子与耀斑活动具有相关性和整体性,两者如影随形。黑子活动周期为 11 年。黑子增强的年份同时也是耀斑频繁爆发的年份,黑子所在区域相对应的色球层区域也是耀斑出现频率最多的。

太阳活动对地球的影响很大。

太阳活动对无线电短波通信有影响。当黑子和耀斑增多时,其发射的电磁波会干扰地球的电离层,使地球上无线电信号受到影响,甚至出现中断现象。

太阳活动对地球磁场有影响。耀斑爆发时,太阳大气抛出的高能带电粒子会扰乱地球磁场,产生"磁暴"现象,导致罗盘指针剧烈颤动,不能正确指示方向。在两极地区的夜空,有时会出现粉红、红色、淡绿色等颜色的美丽光带或光弧,叫作极光(图 1.18)。它是太阳大气层抛出的高能带电粒子被地球磁场俘获,高速冲进两极地区的高空大气,与那里的稀薄大气相互碰撞形成的。

图 1.18　美丽的极光

此外,许多研究还证明,太阳活动与地球上的气候异常、水旱灾害、地震都有关系。所以,世界各国都很重视对太阳活动的观测和预报,力图把太阳活动对地球的不利影响降到最低程度。

延时摄影呈现极光和银河影像

## 二、月球对地球的影响

月球是地球唯一的天然卫星,是距离地球最近的天体,它就像地球的一个忠诚卫士,始终围绕地球旋转。月球比地球小得多,月球的质量只有地球的 1/81,体积只有地球的 1/49。月球上没有大气也没有水,声音也无法传播,其表面分布着大大小小的环形山(图 1.19)。所以,月球并不像神话传说中的那样美好,而是一个万籁俱寂的不毛之地。

### 1. 月相变化的规律

我们观察月球,最深的印象就是月亮圆缺的变化。月亮圆缺的各种形状叫作月相。月球本身不发光,只能靠反射太阳光而发亮。月球围绕地球公转,同时又随地球围绕太阳公转,造成日、地、月三者的相对位置不断变化,于是,地球上的人看到月球被照亮的部分也在不断变化,从而产生了不同的月相。

月相的变化是很有规律的(图1.20)。农历每月初一,月球处在太阳与地球之间的位置,地球、月球、太阳几乎在一条直线上,月球的背光面对着地球,人们看不到月球。此时的

图1.19　月球表面

月相称为"新月",也叫"朔"。新月以后,随着月球绕地球公转,月球的向光面逐渐面向地球,农历初三、初四,人们看到弯弯的月牙称"蛾眉月";农历初七、初八,地球与月球和太阳的连线成90°角,我们能看到的半个月亮称"上弦月";农历十一、十二的月相称"凸月";农历十五、十六,太阳、地球、月球几乎在一条直线上,这时月球的向光面全部面向地球,人们看到的是一轮圆圆的明月,此时的月相称"满月",也叫"望"。

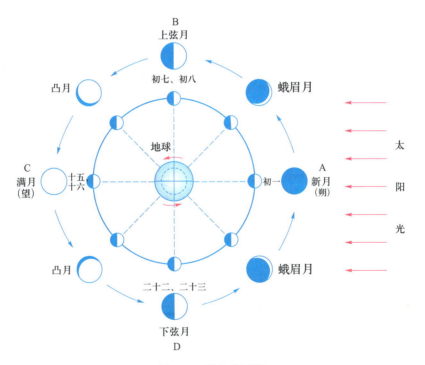

图1.20　月相成因图

图中的中心天体是地球,中间一圈表示月球在公转轨道上的不同位置。无论月球在哪个位置,向着太阳的半个月球总是亮的,背着太阳的半个月球总是暗的。外圈表示月相的变化。

满月之后，月球的向光面逐渐背向地球，又开始月缺的过程，先后经历凸月、下弦月和蛾眉月。下弦月一般出现在农历每月的二十二、二十三。月相由缺到圆，再由圆到缺，这样一个变化周期为一个朔望月，时间长度为 29.53 日。朔望月是我国传统历法农历月的基本计算单位。

 **活 动**

### 观 察 月 相

材料准备：圆规、尺子、五张打印纸、铅笔。

活动过程：

1. 用圆规和尺子在纸上画直径为 7.5 厘米的圆，在前四张纸上每张画六个圆，最后一张纸上画五个圆，每个圆都代表月亮。

2. 在圆上标记上日期，从第 1 天开始到第 29 天为止。

3. 在第 1 天，看看月亮有多大，有多少地方没有被太阳照射到，使你的眼睛看不见它。根据这些看不见的地方的大小，用铅笔在纸上的第一个圆上把同样比例的地方涂上阴影。

4. 每天重复进行过程三，观察的天数要尽可能多一些。如果天气恶劣无法观察，或者你因为其他原因不能进行观察，就把那些天的圆形空在纸上不涂阴影（或者用其他颜色着上标记）。

5. 在第 29 天，完成了所有的图画后，请同学们将自己的观察记录一一展示，并认真地研究这些图形，看看月亮的形状是怎样一天天变化的？在没有观察月亮的那些日子里，请推断月亮应该是什么样子的？

**阅 读**

### "月到中秋分外明"吗？

每年的农历八月十五是中华民族的传统佳节"中秋"。这一天我们会与家人团聚吃月饼赏明月，思念远方的亲人。人们都说这一天的月亮是一年中最亮、最圆的，真的是这样吗？

我们知道，月球本身不发光，它只能靠反射太阳光而发亮。太阳的光和热并不会在中秋这一天突然增强，月球反射太阳光的本领也不会在这一天突然增大。那么为什么人们感到这一天月亮特别亮、特别圆呢？这主要是因为中秋前后，我国绝大部分地区在冷空气的控制下，形成秋高气爽的天气，经过湿润多雨的夏天后再来看月亮，就显得分外的亮和圆了，无怪乎人们会说"月到中秋分外明"了。这其实是人们的主观感受和多年流传下来的风俗习惯造成的。

#### 2. 日食和月食

日食和月食是很有规律的自然现象。地球和月球都是不发光也不透明的天体，在太阳的照耀下,都有一个长长的影子。当月球运行到太阳和地球之间,而且日、月、地呈一条直线时,月球的影子掠过地球的向日面,被月影笼罩的地区看见太阳好像失去了光辉,这种现象就是日食(图1.21)。如果整个太阳被月球遮掩了,称为日全食。如果太阳中部被遮掩,边缘光明如故,称为日环食。如果一部分被遮掩,称为日偏食。日全食是观测和研究太阳色球和日冕变化最有利的时机。

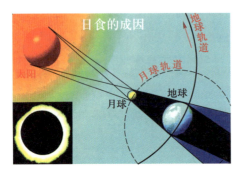
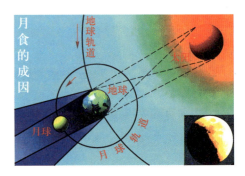

图 1.21　日食成因　　　　　　　　　图 1.22　月食成因

当月球运行到地球的背日方向,且日、地、月呈一条直线时,月球钻进地球庞大的影子里,因而得不到太阳光,失去了光辉,这种现象就是月食(图1.22)。如果月球一部分被遮掩,称为月偏食。如果月球全部被地球影子遮掩,称为月全食。月全食发生时,月面是古铜色的。这是由于太阳光穿过大气时,一部分红光被地球大气折射到月面而形成的。月全食时观测古铜色的月面,对我们了解地球大气的化学成分有一定帮助。

## 中国嫦娥探月工程

2004年,中国正式开展月球探测工程,并命名为"嫦娥工程"。嫦娥工程分为"无人月球探测""载人登月"和"建立月球基地"三个阶段。其中"无人月球探测"工程分为三期,简称"绕、落、回"三步走:第一步为"绕",即发射一颗月球卫星,在距离月球表面200千米的高度绕月飞行,边绕边看,进行月球探测;第二步为"落",即发射月球软着陆器,并释放一个月球巡视勘察器(俗称月球车),在月球上边走边看,在着陆区附近进行局部详细的探测;第三步为"回",即发射月球采样返回器,软着陆在月球表面特定区域,并进行分析采样,然后将月球样品带回地球,在地球上对样品进行详细研究。

2007年10月24日,中国首颗月球探测卫星"嫦娥一号"成功发射升空(图1.23),它在轨运行494天,获取了全月球影像图、月表部分化学元素分布等一批极其珍贵的原始探测数据。

2010年10月1日,"嫦娥一号"的姊妹星——"嫦娥二号"探月卫星成功发射,它搭载的探测设备更加先进,所探测到的有关月球的数据也更加翔实。

2013年12月2日,中国第一个月球软着陆的无人登月探测器——"嫦娥三号"探测器成功发射升空,并于 12 月 14 日安全着陆月面,它由着陆器和巡视器("玉兔号"月球车)组成。12 月 15 日晚,"嫦娥三号"着陆器和巡视器顺利完成互拍,第一面登上月球的五星红旗通过电视直播"亮相"。

图 1.23　嫦娥一号

2018 年 12 月 8 日,"嫦娥四号"月球探测器携"玉兔二号"月球车发射升空,于 2019 年 1 月 3 日成功着陆于月球南极艾特肯盆地内的冯·卡门撞击坑底部,开启了人类首次月球背面软着陆和巡视探测。

2020 年 11 月 24 日,"嫦娥五号"探测器被送入预定轨道,12 月 1 日在月球正面着陆;12 月 17 日,"嫦娥五号"返回器携带月球样品成功返回地球,为我国无人探月工程"绕、落、回"三步走发展规划画上了圆满句号。

月球探测能力是一个国家综合国力的体现,也是一个国家科技实力发展的标志,它对于提高中国在国际上的威望、增强民族自信心和凝聚力都有重要的意义。

 **活 动**

测一测

1. 从第一颗人造地球卫星"东方红一号"上天到今天的嫦娥探月工程,中国的航天事业取得了跨越式的发展。请搜集整理我国在太空探索过程中的重大进展及在和平开发太空资源方面所取得的巨大成就,并谈谈自己的感想。

2. 持续关注我国探月工程的最新进展,查阅资料并与同学分享。

# 第三节　地球的运动

 **课 前 活 动**

[案例分析]

麦哲伦环球航行是世界航海史上的一大成就。当麦哲伦船队完成人类历史上第一次环球航行回到西班牙时,船员们惊奇地发现航海日记上明明写着这一天是 1522 年 9 月 5 日,而西班牙地区的日历上却是 9 月 6 日。你知道这是怎么回事吗?你能帮助船员们找到他们丢掉的那一天吗?

地球上的昼夜更替、四季变化是最常见的自然现象,它们与地球的运动密切相关。地球处在不断的运动之中,地球最基本的运动形式是它的自转和公转。

## 一、地球运动的基本形式——自转和公转

### 1. 地球的自转

地球绕其自转轴自西向东的旋转运动,叫地球自转(图1.24)。自转轴简称地轴,它的北端始终指向北极星附近。地球自转周期是1日。

 **活 动**

1. 用地球仪演示地球的自转。看一看,如果从北极上空看地球自转是顺时针还是逆时针?从南极上空看,情况又会怎样呢?请你画出示意图。

2. 毛泽东主席有一著名诗句——"坐地日行八万里",你能感觉到地球在自转吗?为什么?联系生活实际讨论,有哪些自然现象能证明地球在自转?

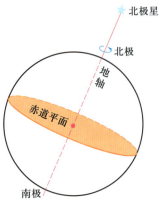

图 1.24　地球自转示意图

**阅 读**

### 地球自转周期

地球自转一周的时间是1日。但由于观测所采用的参照物不同,1日的长度就略有差异。若以恒星作参照物,地球自转360°是1个恒星日,所需时间为23时56分04秒。若以太阳作为参照物来测量地球自转周期,则1日的长度为1个太阳日,所需时间是24时0分,地球实际自转360°59′。我们日常生活所说的一天是指1个太阳日。

### 2. 地球的公转

地球绕太阳的运动,叫作地球公转。地球公转的方向也是自西向东。周期为一年,时间长度为365日6时9分10秒,为1个恒星年。

地球公转的轨迹叫作公转轨道,它是近似正圆的椭圆形轨道,太阳位于椭圆的一个焦点上(图1.25)。

月球的公转、地球的自转和公转

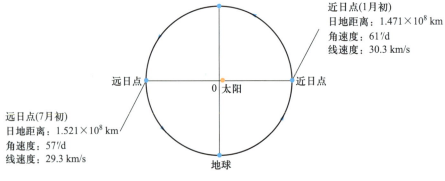

图 1.25　地球公转轨道

R 阅读

### 近日点和远日点

由于地球公转轨道是一个近似于圆的椭圆形,所以在地球公转过程中,有时距太阳近,有时距太阳远。每年的 1 月初,地球运行到距离太阳最近的点,这个位置叫近日点,日地距离约 14 710 万千米;每年的 7 月初,地球运行到距离太阳最远的点,这个位置叫远日点,日地距离约 15 210 万千米。在近日点和远日点附近,地球公转的速度是不一样的,这就造成我们北半球夏半年和冬半年的时间不一样长,其中夏半年的日数为 186 天,冬半年的日数为 179 天。

#### 3. 太阳直射点的移动

地球在自转的同时也在倾斜着绕太阳公转。地球自转的赤道平面与地球公转的轨道平面(即黄道平面)并不重合,而是斜交的,这个交角叫作黄赤交角。目前的黄赤交角是 23°26′(图 1.26)。

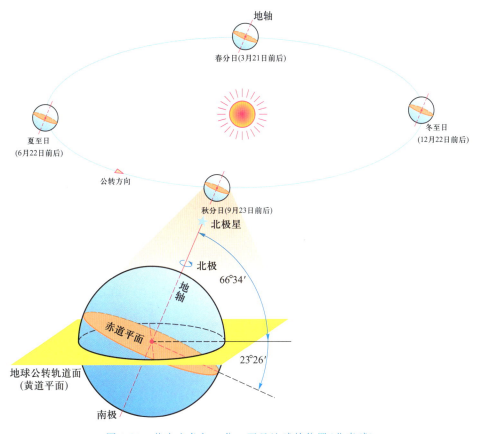

图 1.26　黄赤交角与二分二至日地球的位置(北半球)

由于黄赤交角的存在,地球在绕太阳公转的过程中,地表接受太阳垂直照射的点(简称太阳直射点)就有变化。北半球夏至日(6 月 22 日前后),太阳直射北纬 23°26′,即北回归线,之后太阳直射点向南移动。到了秋分日(9 月 23 日前后),太阳直射赤道。冬至日(12 月 22 日前后),太阳直射南纬 23°26′,即南回归线,之后太阳直射点向北返回。次年春分日(3 月 21 日前后),太阳直射赤道。到了次年夏至日,太阳再次直射北纬 23°26′。太阳直射点在南、北回归线之间的往返运动,称为太阳直射点的回归运动。太阳直射点回归运动的周期为 365 日 5 时 48 分 46 秒,叫作回归年。我们平常所说的一年就是指一个回归年。

 ## 活 动

图 1.27 所示的三条线分别表示北回归线、赤道、南回归线。请在这三条线的适当位置标注四个点,分别代表北半球二分二至日的太阳直射点,结合课文中关于直射点回归运动的规律,画一条线表示太阳直射点南北移动的轨迹并回答:

图 1.27

1. 从春分日至秋分日,太阳直射哪个半球?从秋分日到次年的春分日,太阳又直射哪个半球?

2. 赤道地区一年有几次被太阳直射的机会?南北回归线上、南北回归线之间、南北回归线之外的地区一年各有几次被太阳直射的机会?

太阳直射点的移动规律

## 二、地球运动的地理意义

地球的自转与公转产生了许多常见的自然现象。

### 1. 昼夜更替

地球是一个既不发光又不透明的球体,在同一时间里,太阳只能照亮地球表面的一半。地球上向着太阳的半球是白天,背着太阳的另一个半球就是黑夜了(图 1.28)。

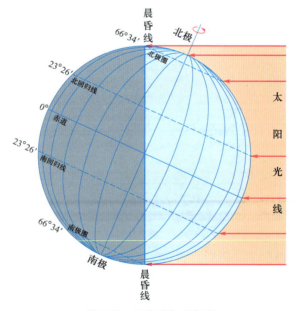

昼夜交替的解释

图 1.28　昼半球与夜半球

由于地球不停地自西向东自转,昼夜也就不断地交替。昼夜交替的周期是 1 个太阳日,这个周期不长,所以地面白昼增温不至于过分炎热,黑夜冷却也不至于过分寒冷,从而为地球上生命有机体的生存和发展提供了适宜的温度条件。

**2. 时差**

由于地球自西向东自转,在同一纬度地区,相对来说,东边的地点比西边的地点先看到日出,这样,时间就有了早晚之分。地球上经度不同的地方,地方时也不相同。

 **阅读**

### 地 方 时

因经度而不同的时刻,称为地方时。同一时刻,经度不同地方时就不同,地理位置越靠东,地方时的值越大。全球经度是 360°,每隔经度 15°,地方时相差 1 小时,每隔经度 1°,地方时相差 4 分钟,这样地球上就有无数个地方时。任何两个地方,只要不在同一经度上,地方时就不同。

实际上,地方时使用起来很不方便。为了在全球范围内建立一个既相对统一,又能体现一定区域性的完善的时间系统,1884 年,国际上采取了全世界按统一标准划分时区,实行分区计时的办法。全球共划分为 24 个时区,每个时区跨经度 15°。各时区都以本时区中央经线的地方时,作为本区的区时(图 1.29)。相邻两个时区的区时相差 1 小时,

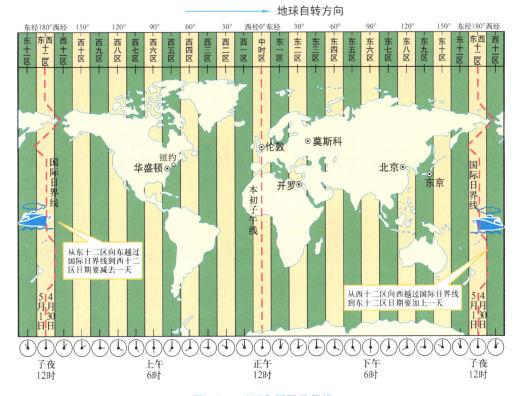

图 1.29 时区和国际日界线

其中较东的地方区时较早。

实际上,在分区计时的基础上,世界各国根据本国的具体情况,采用了一些特别的计时方法。如图 1.30 和图 1.31 所示。

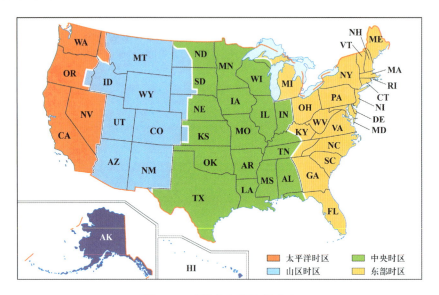

图 1.30  美国本土跨越的时区

美国本土部分由东到西包括西五区、西六区、西七区、西八区 4 个时区,这 4 个时区分别采用不同的区时作为标准时间,这就是当地常说的东部时间、中部时间、山地时间和太平洋时间。

图 1.31  中国领土跨越的时区

我国领土跨 5 个时区,全国目前统一采用北京所在的东八区区时(即东经120°的地方时),作为统一使用的时间,这就是"北京时间"。

区时的使用,使地球上的时间井然有序。但既然东边的时刻总比西边早,地球又是圆的,那什么地方才是新的一天的开始呢?为了解决这个问题,避免日期的紊乱,国际上规定原则上以180°经线作为地球上"今天"和"昨天"的分界线,并把这条分界线叫作"国际日期变更线",简称"国际日界线"(图1.29)。地球上新的一天就从这里开始。

### 思考

读图1.29,回答下列问题:

1. 中时区以哪条经线作为中央经线?哪两个时区合为一个时区?

2. 在图中找到国际日界线。想一想,自东十二区向东进入西十二区,或者自西十二区向西进入东十二区,日期分别是怎样变化的?你现在知道麦哲伦船队的水手们为什么会丢掉一天了吗?

3. 为什么国际日界线有几处出现弯折?

### "错误"的生日祝福

住在东京的狸猫想给在纽约的好朋友田鼠一个惊喜,现在是10月18日,今天是田鼠的生日!

他在10月18日早上10:00的时候给田鼠打了个电话:"Hello!田鼠,我是狸猫,祝你生日快乐!"

田鼠惊讶极了!对狸猫说:"今天不是我生日啊?明天才是呢!"狸猫傻了,问田鼠:"那⋯⋯你那里是什么时间?"

"是10月17日晚上8时啊!"田鼠答道。

"哦?我这里是早上啊!而且是10月18日早上10:00,你的生日啊!"狸猫疑惑了。

田鼠说:"我也不知道为什么,但是谢谢你的祝福!啊,我要去吃点心了,拜拜!"

电话这边的狸猫忙跑去问妈妈为什么?妈妈笑了:"小狸猫啊,我们东京和纽约可有十几个小时的时差呢!现在它们还是晚上呢!"

小狸猫很惭愧自己竟然说错了时间。

不过妈妈说:"宝宝乖!你们的时间虽然相差半天多,但是你们的心永远在一起啊,有了你的祝福,田鼠一定会很开心的!"

### 思考

区时的换算:请思考,东京的狸猫应该在什么时间打这个祝福电话就恰好是纽约的田鼠的生日时间呢?

### 3. 沿地表水平运动物体的偏移

由于地球自转,会产生一种有趣的自然现象,即在地球表面作水平运动的物体其运动方向会发生一定的偏转。其规律是在北半球向右偏转,在南半球向左偏转,在赤道上没有偏转。如,在北半球,从南向北流动的河水,对河流东岸的冲刷作用比西岸大,所以河流东岸会陡一些;从东向西行驶的火车,加于北侧轨道的压力,要比对南侧轨道的压力大。

我们把促使物体水平运动方向产生偏转的力,称为地转偏向力。它在气流和水流的水平运动中作用最为明显。

### 4. 昼夜长短和正午太阳高度的变化

太阳直射点的移动,可引起地球表面各地昼夜长短和正午太阳高度的变化。昼夜长短反映了日照时间的长短,正午太阳高度反映了太阳辐射的强弱,昼夜长短和正午太阳高度的变化造成地球表面接收到的太阳辐射能量也因时因地而变化。

(1) 昼夜长短的变化

地球公转过程中,由于黄赤交角的存在,使各地昼夜长短发生随季节的变化(图 1.32)。

昼夜长短的变化

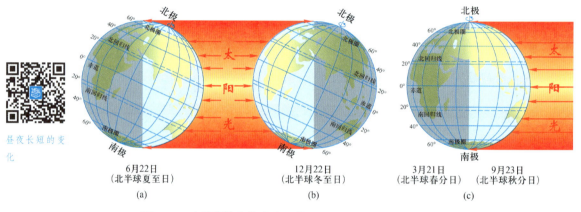

图 1.32　地球公转及北半球二分二至日全球的昼长和正午太阳高度分布

从春分日到秋分日,太阳直射点在北半球,是北半球的夏半年。这半年北半球各纬度昼长夜短,纬度越高,昼越长,夜越短,北极四周出现极昼现象。其中,夏至日这一天,北半球昼最长,夜最短,北极圈及其以北地区出现极昼现象。南半球则相反。

从秋分日至次年的春分日,太阳直射点在南半球,是北半球的冬半年。这半年北半球各纬度昼短夜长,纬度越高,昼越短,夜越长,北极四周出现极夜现象。其中,冬至日北半球昼最短,夜最长,北极圈及其以北地区出现极夜现象。南半球则相反。

在春分日和秋分日,太阳直射赤道,全球各地昼夜等长,都是 12 小时。

## 思考

读图 1.32,完成下列要求。

1. 在图 1.32(a)中,太阳直射哪条纬线? 这一天,你所居住的地方是昼长还是夜长?

看一看北极圈及北极圈以北地区是极昼还是极夜？

2. 在图1.32(b)中，太阳直射哪条纬线？这一天，你所居住的地方与新加坡、北京相比，哪里昼最长，哪里昼最短？

3. 在图1.32(c)中，太阳直射哪条纬线？这一天，你所居住的地方昼夜长短情况是怎样的？看一看北极四周还有极昼或极夜现象出现吗？

(2) 正午太阳高度的变化

太阳光线与地平面的交角，叫作太阳高度角，简称太阳高度。正午太阳高度是一日之内最大的太阳高度。在太阳直射点上，正午太阳高度是90°。

由于太阳直射点南北移动，各地正午太阳高度也随之变化(图1.32)。正午太阳高度就纬度分布来说，夏至日，由北回归线向南北两侧递减，北回归线及其以北各纬度，正午太阳高度达到一年中的最大值；赤道以南各纬度，正午太阳高度达到一年中的最小值。冬至日，太阳高度由南回归线向南北两侧递减，南回归线及其以南各纬度，正午太阳高度达到一年中的最大值；赤道以北各纬度，正午太阳高度达到一年中最小值；春秋二分，由赤道向两极递减。

正午太阳高度的变化

 ## 活动

1. 做一做：利用"立竿见影"的原理，设计并制作一个简易的可以测量太阳高度的装置。

2. 测一测：利用该装置完成以下测量内容：

(1) 选择一个晴天，从早上6时开始，每隔2小时测量一次太阳高度和当时的气温并记录，直至下午6时。分析所测得数据，你有什么发现？(说明：测量的起始时间可根据当地的日出日落时间进行调整。)

(2) 测量本地的正午太阳高度和当时的气温，隔天测量一次并记录，若遇阴天可以顺延，坚持1～2个月。分析所测得数据，你又有什么发现？

3. 玩一玩：根据一天中太阳高度的变化规律设计幼儿活动如"踩影子游戏"，让幼儿感受一天中影子的变化及其与太阳高度、气温之间的关系(注意：阳光比较强烈时，尤其是中午前后不要让幼儿直视太阳)。

"自制太阳高度测量器"活动

### 5. 四季更替和五带

由于昼夜长短和正午太阳高度的时空变化，使得太阳辐射既有时间上的变化，也有空间上的分异。于是就有了冬去春来的四季更替和冷热迥异的五带划分。

(1) 四季更替

从太阳辐射的时间变化来看四季(图1.33)，夏季是一年内白昼最长、太阳高度最高、获得太阳辐射最多的季节；冬季是一年内白昼最短、太阳高度最低、获得太阳辐射最少的季节；春季和秋季是冬、夏两季的过渡季节。居住在温带地区的人们，对春暖花开、夏日炎炎、秋风送爽、天寒地冻的四季更替，几乎人人都有深刻的感知，而居住在热带或寒带的人们对这种更替的感受就没有那么明显了。

在北半球，一般把3、4、5三个月划为春季，6、7、8三个月划为夏季，9、10、11三个月

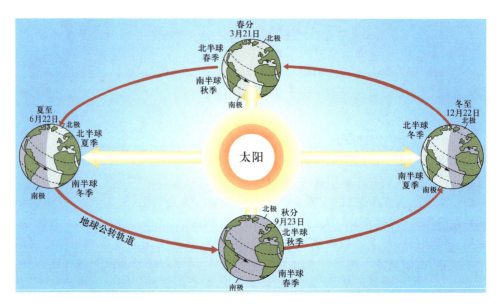

图 1.33    地球公转和季节变化

划为秋季,12、1、2 三个月划为冬季。南半球与北半球的季节刚好相反。

(2)五带划分

由于年太阳辐射总量从低纬地区向高纬地区减少,所以以南、北回归线和南、北极圈为界线,可以把地球表面粗略地分为热带、北温带、南温带、北寒带和南寒带五个热量带(图 1.34)。

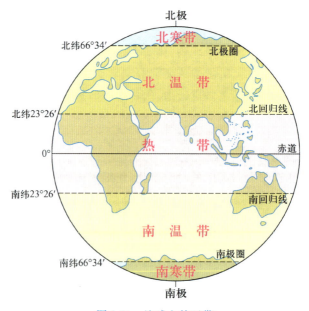

测一测

图 1.34    地球上的五带

# 第四节 历　　法

 **课 前 活 动**

[问题探究]

翻看近3～5年家里的挂历或手机中的日历,探究以下问题:

1. 请查出今天的公历和农历日期,并从以下几方面对公历和农历作个比较:

(1) 日期的表示有何不同?

(2) 大、小月各有几天?

(3) 一年各有多少个月?

2. 请找出二十四节气,并任选2～3个节气,分别查出近3～5年它们所对应的农历日期和公历日期,你有什么发现?

在我们生活中,公历和农历这两种历法大家都很熟悉,那么,它们的年、月、日分别是如何安排的呢?

所谓历法,简单地说,就是安排年月日的法则。天文学为人类提供了三个计量时间的自然单位:一个是季节变化的周期——回归年(365.242 2日);一个是月相变化的周期——朔望月(29.530 6日);还有一个是昼夜交替的周期——太阳日(24小时)。为了使用上的方便,历法中的年、月必须是整数日,我们称之为历年、历月。它们不同于回归年、朔望月,后二者都不是整数日,因此必须用一定的法则来协调。

## 一、历法的主要类型

历史上出现了多种历法,主要有以下三种类型。

### 1. 阴历

阴历也叫太阴历(古时人们称月亮为"太阴")或回历,它以朔望月为基本依据。阴历是历史上最早出现的一种历法。它编排的基本原则是:

平均历月＝朔望月＝29.530 6日

平均历年＝朔望月×12＝354.367 2日

历月的安排:奇数月为大月,30天;偶数月为小月,29天。

历年的安排:平年354天,闰年355天。由于阴历平均历月的长度为29.5天,与朔望月相比,每月少了0.030 6天,30年共少了约11天,故每30年设11个闰年,闰年中12月为30天。

阴历的每一日都代表一定的月相,但它的月序没有季节意义,容易产生冬夏倒置的现象。阴历的平均历年与回归年相差约11天,每过18年就相差半年,比如今年的7、8、9月是夏天,18年后的7、8、9月就是冬天了。因此阴历没有指导农时的意义,目前仅用于伊斯兰教的宗教节日等。

### 2. 阳历(公历)

阳历也叫太阳历,它以回归年作为排历的唯一依据,现在世界通行的公历就是一种阳历。公历编排的基本原则是:

平均历年＝回归年＝365.242 2 日

平均历月＝回归年/12＝30.436 9 日

历月的安排:大月 31 天,小月 30 天。一年 12 个月,其中 1、3、5、7、8、10、12 为大月,4、6、9、11 为小月,2 月较特殊,平年为 28 天,闰年为 29 天。

历年的安排:平年 365 日,闰年 366 日,每 400 年 97 闰。

由于公历的平年比回归年少了 0.242 2 日,每 4 年则少了 0.968 8 日,接近 1 天,因此每 4 年设 1 个闰年,补上这少掉的 1 天。但每 4 年一闰,又多补了 0.031 2 日,每 400 年就多补了 3.12 日,因此每 400 年只能设 97 个闰年。公历设置闰年的原则是:公元年份能被 4 整除的为闰年,其余均为平年;能被 100 整除,但不能被 400 整除的世纪年份为平年;能被 400 整除的世纪年份方为闰年,例如 1600 年、1700 年、1800 年、1900 年这四个世纪年份中,只有 1600 年为闰年。

此外,公历还辅以星期记日制,将星期作为日和月之间的一个中小尺度单位。

公历作为一种阳历,与季节变化周期相符,适于农业生产;且置闰规则简明,应用方便。不足在于,历月日数安排不均,尤其 2 月天数特别少,1～7 月单数为大月,8～12 月双数为大月,上半年为 181～182 天,下半年为 184 天,这些对于气象、水文等数据统计、工农业生产的财政预算、制定工作计划等都不大方便。

## ● 阅读

### 公历的由来和演变

最早使用阳历的国家是古埃及,古埃及的阳历在古罗马得到进一步发展。公元前 45 年,古罗马皇帝儒略·恺撒规定:平年 365 天,其中单月 31 天,双月 30 天,但 2 月 29 天(据说因该月为行刑月,短些好)。闰年在 2 月加 1 天,每 4 年一闰。30 多年后,恺撒的养子屋大维·奥古斯都下令将 8 月改成大月(因为 8 月以他的名字命名),并顺势将 9 至 12 月的大小月颠倒,将 2 月再减少一天(这样平年仍为 365 天,置闰规则不变)。这就是现行公历大小月不规律的由来。公元 532 年,欧洲宗教会议规定开始以公元纪年,以耶稣诞生年为其纪元(即公元 1 年)。1582 年,因过去的历法每 4 年一闰,平均历年的误差(每年多了 0.007 8 天)长期积累,导致日期与天文节令的偏差达十天。为此,教皇格里高利十三世下令减去 10 天,同时实施新的,即现行的置闰规则(400 年 97 闰)。这就是格里历,即现行公历。

### 3. 阴阳历

阴阳历是阴历向阳历发展的一种过渡历法,是三类历法中最复杂的一类。它兼顾回归年和朔望月,编排的基本原则是:

平均历月＝朔望月＝29.530 6 日

平均历年＝回归年＝365.242 2 日

历月的安排：与阴历相同，大月 30 天，小月 29 天。

历年的安排：平年与阴历相同，12 个月，354 天或 355 天。闰年 13 个月，384 天或 385 天，19 年 7 闰。

由于阴阳历的平年比回归年少了约 11 天，19 年就少了 209 日，大约 7 个月，每 19 年必须补 7 个月方能使平均历年等于回归年，所以阴阳历的闰年比平年多一个月，每 19 年设 7 个闰年。

目前世界上仍在使用的阴阳历主要是我国的传统历法，我国早在春秋时期就采用"19 年 7 闰"的方法来弥补阴历的不足，使阴阳历能与季节变化的周期相符，以满足农业生产的需要。

阴阳历的日期能与月相一一对应，但由于平年和闰年相差了一个月，所以阴阳历的日期不能很好对应节令和农时。为了弥补这一不足，我国的传统历法中还含有阳历的成分，即二十四节气。

立竿见影定节气

## 二、我国的传统历法（农历）

我国目前仍在使用的传统历法就是我们常说的"农历"，它包含了阴阳历、二十四节气和干支纪时三种成分。

### 1. 阴阳历与二十四节气

阴阳历是我国农历最主要的成分，但它与二十四节气是密不可分的，这是我国的农历极为独特的地方。

二十四节气主要形成于黄河流域，中华民族的祖先在长期的观察和生产实践中逐步认识到季节更替和气候变化的规律，把全年分为二十四个节气，反映出四季、气象、物候等方面的变化，对农业生产的发展有很大的贡献。

二十四节气的编排方法：古人把太阳周年运动的轨迹划分为 24 等份，每一等份为一个节气，以节气的开始一日为节名。因此二十四节气是一种阳历，每个节气的日期在公历中的日期比较固定。我国以二十四节气中的立春、立夏、立秋、立冬为起点，划分春、夏、秋、冬四季；而春分、夏至、秋分、冬至分别是四个季节的中点，这期间的季节特征最鲜明。二十四节气的名称、对应的公历日期和气象、物候特点见表 1.2。

表 1.2　二十四节气表

| | 立春 | 雨水 | 惊蛰 | 春分 | 清明 | 谷雨 |
|---|---|---|---|---|---|---|
| 春季 | 2月4日<br>或5日 | 2月19日<br>或20日 | 3月5日<br>或6日 | 3月20日<br>或21日 | 4月4日<br>或5日 | 4月20日<br>或21日 |
| | 开始入春<br>万物复苏 | 雨水增多<br>作物返青 | 天暖响雷<br>冬眠苏醒 | 昼夜平分 | 天气晴朗<br>草木繁茂 | 雨水增多<br>谷苗旺盛 |

续表

| | 立夏 | 小满 | 芒种 | 夏至 | 小暑 | 大暑 |
|---|---|---|---|---|---|---|
| 夏季 | 5月5日或6日 | 5月21日或22日 | 6月5日或6日 | 6月21日或22日 | 7月7日或8日 | 7月23日或24日 |
| | 开始入夏天气渐热 | 作物灌浆但未饱满 | 小麦成熟夏种开始 | 白天最长 | 开始炎热 | 炎热至极 |
| | 立秋 | 处暑 | 白露 | 秋分 | 寒露 | 霜降 |
| 秋季 | 8月7日或8日 | 8月23日或24日 | 9月7日或8日 | 9月23日或24日 | 10月8日或9日 | 10月23日或24日 |
| | 开始入秋暑极凉来 | 炎夏将过天气渐凉 | 开始有露夜晨凉爽 | 昼夜平分 | 露水已寒将要结冰 | 入冬前奏开始有霜 |
| | 立冬 | 小雪 | 大雪 | 冬至 | 小寒 | 大寒 |
| 冬季 | 11月7日或8日 | 11月22日或23日 | 12月7日或8日 | 12月21日或22日 | 1月5日或6日 | 1月20日或21日 |
| | 开始入冬 | 开始下雪量小次少 | 降雪增多地面积雪 | 黑夜最长 | 开始寒冷 | 最冷时节天寒地冻 |

为了便于记忆，人们将二十四节气各取一字，按顺序编成了"二十四节气歌"：

春雨惊春清谷天，夏满芒夏暑相连。

秋处露秋寒霜降，冬雪雪冬小大寒。

每月两节不变更，最多相差一两天。

上半年来六廿一，下半年是八廿三。

二十四节气

 **活 动**

2016年11月30日，我国申报的"二十四节气——中国人通过观察太阳周年运动而形成的时间知识体系及其实践"的非物质文化遗产项目通过评审，被列入联合国教科文组织人类非物质文化遗产代表作名录。搜集相关资料，完成下列活动：

1. 我国民间流传着许多与二十四节气有关的谚语，搜集若干，了解它们的内涵并讨论它们的科学性和局限性。

2. 我国各地还有许多与二十四节气有关的民俗，调查你家乡的相关民俗，并结合这些民俗设计幼儿活动，在幼儿园开展传统文化传承教育。

**2. 干支纪时制度**

我国传统历法还采用一套独特的纪时制度——干支。我国古时以天为主，以地为从：天同干相关联，叫"天干"；地同支相联系，叫"地支"，两者合称"天干地支"，简称"干支"。

天干有10个：甲、乙、丙、丁、戊、己、庚、辛、壬、癸。

地支有 12 个:子、丑、寅、卯、辰、巳、午、未、申、酉、戌、亥。

每一个天干和地支按照一定的顺序又不重复地搭配起来,把"天干"中的一个字摆在前面,后面配上"地支"中的一个字,这样就构成一对"干支",如甲子、乙丑、丙寅……癸酉、甲戌、乙亥等(表 1.3),这样形成以 60 为周期的重复循环。干支纪时就是以 60 为周期,来循环纪年、纪月、纪日和纪时辰。

干支纪时制度是我国古代历法的一项独特创造,近代史上一些重大历史事件,就直接以干支为名,如甲午战争、戊戌变法、辛丑条约、辛亥革命……这一制度的优越性在于使用方便,而且从公元 54 年(东汉建武十三年)直到现在,该纪年法从未因朝代更迭而中断,也不因国家分裂而混乱,这对于考古和历史研究工作是很有帮助的。

**表 1.3 干 支 表**

| 1 甲子 | 2 乙丑 | 3 丙寅 | 4 丁卯 | 5 戊辰 | 6 己巳 | 7 庚午 | 8 辛未 | 9 壬申 | 10 癸酉 |
|---|---|---|---|---|---|---|---|---|---|
| 11 甲戌 | 12 乙亥 | 13 丙子 | 14 丁丑 | 15 戊寅 | 16 己卯 | 17 庚辰 | 18 辛巳 | 19 壬午 | 20 癸未 |
| 21 甲申 | 22 乙酉 | 23 丙戌 | 24 丁亥 | 25 戊子 | 26 己丑 | 27 庚寅 | 28 辛卯 | 29 壬辰 | 30 癸巳 |
| 31 甲午 | 32 乙未 | 33 丙申 | 34 丁酉 | 35 戊戌 | 36 己亥 | 37 庚子 | 38 辛丑 | 39 壬寅 | 40 癸卯 |
| 41 甲辰 | 42 乙巳 | 43 丙午 | 44 丁未 | 45 戊申 | 46 己酉 | 47 庚戌 | 48 辛亥 | 49 壬子 | 50 癸丑 |
| 51 甲寅 | 52 乙卯 | 53 丙辰 | 54 丁巳 | 55 戊午 | 56 己未 | 57 庚申 | 58 辛酉 | 59 壬戌 | 60 癸亥 |

测一测

综上所述,我国的农历是一种数学 60 进制、二十四节气与阴阳历紧密相扣的独特历法。由于农历的编排方法比较复杂,需要专门的机构来推算,加上大、小月不固定,闰月也不固定,闰年比平年多了一个月,在国民经济的统计、预算等的使用上不太方便,因此我国从 1912 年开始又引入公历作为全国通用的正式历法,但农历作为传统历法也一直沿用至今。

## 阅读材料 "月亮姑娘做衣裳"——幼儿教育活动[①]

### 【活动目标】

1. 对月亮的变化感兴趣,能理解和讲述故事的主要内容。
2. 引导儿童学习使用"细细的""弯弯的""圆圆的"等词语。

---

① 罗英智.幼儿园探究式活动:教师用书·大班(5~6 岁)(上)[M].沈阳:辽宁师范大学出版社,2016:52 - 53.

## 【活动准备】

1.《月亮姑娘做衣裳》音频资料、课件图片
2.《幼儿阅读》:《月亮姑娘做衣裳》

## 【活动过程】

1. 谈话
● 请幼儿想一想,如果给月亮做一件衣服会是什么样的。
● 教师讲述故事的前半段(讲到"裁缝师傅决定给她重做一件,又给她量了尺寸,让她五天后来取"),请幼儿想一想:裁缝师傅这次给月亮姑娘做的衣裳会合身吗? 如果还是不合身,裁缝师傅该怎么办呢?

2. 欣赏故事
● 教师介绍故事的名字叫《月亮姑娘做衣裳》。教师播放故事,请幼儿倾听、欣赏。
● 组织幼儿边看课件图片边听故事录音。

3. 学习词语
● 教师:月亮姑娘第一次做衣服时是什么样的? 引导幼儿学习词语:细细的、弯弯的。
● 教师:还有哪些东西能用"细细的""弯弯的"来描述? 鼓励幼儿学习用这两个词说一句话。
● 教师:月亮姑娘最后去做衣服时什么样? 还有哪些东西能用"圆圆的"来描述? 鼓励幼儿学习用"圆圆的"说一句话。

4. 理解故事
● 请幼儿边看课件图片边听故事.记住裁缝师傅给月亮姑娘做了几次衣服。
● 教师:裁缝师傅给月亮姑娘的衣服做好了吗? 他是怎样说的?
● 幼儿模仿裁缝师傅的语气和神态,讲述对话内容。引导幼儿用表情和语气表现出"裁缝师傅红着脸说:'我只好重做。'""裁缝师傅吃了一惊:'啊! 你又长胖了!'"的样子。

5. 讨论、交流
● 教师与幼儿共同讨论:为什么月亮姑娘始终没有穿上合身的衣裳?
● 教师:如果你是裁缝师傅,你有什么办法能让月亮姑娘穿上漂亮的衣裳? 激发幼儿积极动脑,大胆地想出与别人不同的办法来。

## 【活动拓展】

引导幼儿看《幼儿阅读》:《月亮姑娘做衣裳》,学习自己看书阅读故事,练习讲述故事主要内容。

## 【故事】

### 月亮姑娘做衣裳

夜晚,月亮姑娘出来了,细细的、弯弯的,好像小姑娘的眉毛。凉风吹得她有些冷,她撕了块云彩裹在身上。

月亮姑娘请裁缝师傅给她做衣裳。裁缝师傅给她量了尺寸,让她五天后来取。

五天后,月亮姑娘来取衣裳。衣裳真漂亮,可惜太小了。她长胖了,好像弯弯的镰刀。裁缝师傅决定给月亮姑娘重新做一件,又给她量了尺寸,让她五天后来取。

五天后,月亮姑娘又长胖了一点儿,弯弯的像只小船,漂亮的衣裳她还是穿不上。裁缝师傅红着脸说:"我只好重做。"

又是五天过去了,月亮姑娘来取衣裳。裁缝师傅吃了一惊:"啊!你又长胖了!"这次月亮姑娘变得圆圆的,像个圆盘一样。

裁缝师傅叹了口气说:"唉,你的身材量不准,我没法给你做衣裳了。"

原来月亮姑娘每天都在变化,所以她到现在还穿不上合身的衣裳。

你看,白天她不好意思出来,只有晚上才悄悄露面。

## 【本章小结】

地球是宇宙中的一颗既普通又特殊的行星,是我们人类赖以生存的唯一家园,它存在于茫茫无际、广袤无垠的宇宙中,宇宙中的许多天体都对地球有影响,尤其是太阳和月球。地球有其自身的运动规律,地球上的许多自然现象都与地球的运动密切相关。

## 【参考文献】

[1] 课程教材研究所/地理课程教材研究开发中心. 普通高中教科书地理必修第一册[M]. 北京:人民教育出版社. 2019.

[2] 课程教材研究所/地理课程教材研究开发中心. 普通高中教科书地理选择性必修 1 自然地理基础[M]. 北京:人民教育出版社. 2020.

[3] 王民. 普通高中教科书地理选择性必修 1 自然地理基础[M]. 北京:中国地图出版社. 2020.

[4] 朱翔,刘新民. 普通高中地理课程标准实验教科书地理必修 1[M]. 长沙:湖南教育出版社. 2019.

[5] 课程教材研究所/地理课程教材研究开发中心. 地理必修 1[M]. 北京:人民教育出版社. 2008.

[6] 刘南. 地球与空间科学[M]. 北京:高等教育出版社,2010.

[7] 赵旭阳. 地球科学概论[M]. 北京:人民教育出版社,2008.

# 第二章　地球的圈层结构和表面形态

　　一系列不同状态和不同物质的同心圈层组成了地球。在内力和外力的共同作用下,地球表面高高低低,起伏不平。人类生活在地球的表面,起伏不平的地表形态与人类生产、生活关系非常密切。地质灾害又会给人类生产和生活带来极大的威胁,因此要积极应对,做好防灾减灾工作。

## 【学习目标】

　　通过对本章的学习,应实现以下目标:

1. 了解地球的圈层结构划分标准和物质组成。
2. 了解岩石圈的物质循环。
3. 理解营造地表形态的内力与外力作用。
4. 了解地质灾害的成因及危害。
5. 掌握地质灾害的防灾减灾措施。

## 第一节　地球的圈层结构

 **课前活动**

[科幻探索]

播放科幻影片《地心游记》片段。影片是根据 19 世纪法国著名科幻小说家儒勒·凡尔纳同名科幻小说改编,讲述 19 世纪中期,德国科学家里登布洛克教授偶然得到了一张古老的羊皮纸,上面记述从一个神秘的火山口进入,就可以到达地球中心。教授对此深信不疑,带着他的侄子及一名向导,三人进行了一次穿越地心的冒险旅行。

讨论:人类目前最深能到达地球内部哪一层级? 我们如何了解地球内部的结构和物质组成?

### 一、地球的内部圈层

地球内部的结构,目前还无法直接观察,人们对于地球内部的了解,主要通过对地震波的研究。当地震发生时,地下岩石受到强烈冲击,产生弹性震动,并且以波的形式向四周传播,这种弹性波叫地震波。地震波分为纵波(P 波)和横波(S 波),它们在不同物质中的传播速度是不同的。人们把地震波波速发生突然变化的面叫作不连续面,地球内部有两个明显的不连续面——莫霍界面和古登堡界面(图 2.1)。

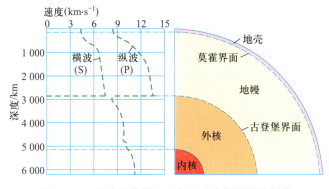

地震波

图 2.1　地震波的传播速度与地球内部圈层的划分

莫霍界面是 1909 年由克罗地亚地震学者莫霍洛维奇首先发现,位于大陆部分地面下平均 33 千米处,这个界面以下,纵波和横波的传播速度都明显增加,人们将这个界面命名为莫霍洛维奇面,简称"莫霍界面"。古登堡界面是 1914 年德国地震学者古登堡研究发现的,是指在地幔的软流层之下,地球内部约 2 900 千米深处的界面,在这个界面以下,纵波的传播速度突然下降,横波完全消失,人们将这个界面称为"古登堡界面"。

以莫霍界面和古登堡界面为界,可以将地球内部分为地壳、地幔和地核三个圈层(图 2.2)。

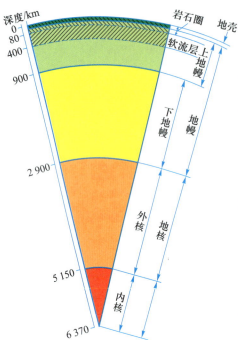

地壳：地壳是地球表面到莫霍界面之间的一层薄薄的、由岩石组成的固体外壳。它厚薄不一，平均厚度为17千米，其中大陆部分平均厚度约33千米，大洋部分平均厚度约6千米。

地幔：地幔位于莫霍界面和古登堡界面之间，厚度为2 800多千米。根据地震波波速的变化，把地幔又分为上地幔和下地幔两层。在上地幔上部存在一个软流层，一般认为这里可能是岩浆的主要发源地。

地核：地核是从古登堡界面到地心的部分，厚度为3 400多千米。根据地震波波速的变化，地核又可以分为外核和内核两层。地核的温度很高，压力和密度很大。

图 2.2　地球内部的圈层结构

地球内部的圈层结构

地壳和上地幔顶部（软流层以上），由坚硬的岩石组成，合称为岩石圈。

 **思 考**

地壳和岩石圈都是由岩石构成的，你能说出它们之间的关系吗？

## 二、地球的外部圈层

通常把地壳表层以外的由大气、水体和生物组成的自然界划分为三个圈层：大气圈、水圈和生物圈，统称为地球的外部圈层，它们之间相互联系、相互制约（图 2.3）。

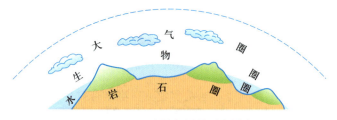

图 2.3　地球外部圈层示意图

### 1. 大气圈

大气圈是环绕在地球最外部由气体和悬浮物质组成的气体圈层，主要成分是氮气和氧气。大气圈环绕地球，是地球生命的保护层。低层大气中的风、云、雨、雪等自然现象，与人类的生产生活密切相关。

**2. 水圈**

水圈由地球表层的水体组成,包括地表水、地下水、大气水、生物水等,形成一个连续而不规则的圈层。地球上的水对人类及其他生物的生存和发展起着重要作用。

**3. 生物圈**

生物圈是指地球上所有生物及其生存环境所组成的圈层,它包括大气圈的底层、岩石圈的上层和整个水圈,核心部分是在地面以上约 100 米到水面以下约 200 米之间。生物圈是地球演化过程中,由生物与环境交互作用形成的一个特殊圈层,是大气圈、水圈和岩石圈相互渗透、相互影响的结果。

生物圈

 **活 动**

### 认识自然界中的圈层

图 2.4 为一张自然景观照片,请找出景观中的主要事物,然后将找出的事物按照大气圈、水圈、生物圈和岩石圈进行分类。

图 2.4　自然景观

测一测

# 第二节　地表的物质组成

 **课 前 活 动**

[生活体验]　　　　　　　**生活中的矿物和岩石**

通过对下列物品的认识,了解自然界的矿物和岩石在生活中的用途。
生活中的常用物品:盐、铅笔芯、玻璃——矿物。
常见装饰用品:水晶、玛瑙饰品——矿物。
家庭装修材料:花岗岩、砂岩、大理岩等及其边角料——岩石。

## 一、组成岩石的矿物

自然界一切物质都是由化学元素组成的。根据相关化学分析,岩石圈上部的地壳中自然存在的化学元素已发现的有九十多种(图 2.5)。地壳中的化学元素,在一定的地质条件下形成的,具有一定化学成分和物理性质的天然化合物或单质,就是矿物。矿物在地球上分布广泛,与人们的日常生活关系密切。

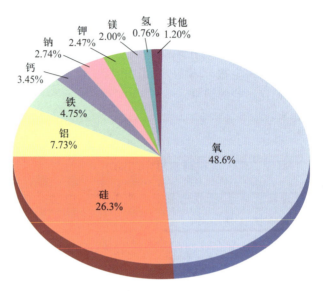

图 2.5 地壳中主要元素的质量分数

矿物是人类生产和生活重要的物质资源之一,是地壳岩石物质最基本的组成单元。矿物的种类有很多,但最常见的矿物只有几十种(图 2.6)。

图 2.6 几种常见矿物

![阅读图标] **阅读**

**矿物的分类和常见矿物**

　　通常,我们把矿物分成金属矿和非金属矿两大类。

　　常见的金属矿物有磁铁矿、黄铜矿和方铅矿等。金属矿可进一步划分为:黑色金属、有色金属、稀有金属等。常见的非金属矿物有石英、长石、云母、方解石、滑石和石膏等,在非金属中,以能源类矿物和宝石类矿物最为重要。

　　在自然界形成的各种矿物中,具有色泽美丽、晶莹透明,硬度高,化学性稳定等特点,或具有特殊光学效应的天然晶体矿物,稀少珍贵,称为宝石(图 2.7)。

图 2.7　蓝宝石(左)和绿柱石晶体(右)

矿物与岩石

## 二、岩石及其成因

　　岩石是在地质作用下所产生的,由一种或几种矿物有规律结合而成的矿物集合体。如大理岩主要由方解石组成,花岗岩由长石、石英和云母等矿物组成。

　　岩石按其成因可以分为岩浆岩、沉积岩和变质岩三大类。

### 1. 岩浆岩

　　岩浆是地下深处天然生成的、富含挥发性气体的高温黏稠状流体物质,岩浆在地球内部巨大压力作用下,沿着地壳薄弱地带侵入地壳上部或喷出地表(即火山喷发),冷却凝固形成岩浆岩。常见的岩浆岩有花岗岩、玄武岩等(图 2.8)。

图 2.8　岩浆岩

地球演化历史的记录——化石

### 2. 沉积岩

　　沉积岩是指裸露地表的岩石,在风吹、雨打、日晒以及生物作用下,逐渐成为砾石、沙子和泥土。这些碎屑物质被风、流水等搬运后沉积下来,经过固结成岩作用而形成沉积岩。按沉积物的颗粒大小,沉积岩可分为砾岩、砂岩、页岩等,还有的沉积岩是由化学沉淀物或生物遗体堆积而成的,如石灰岩(图2.9)。

图 2.9　沉积岩

由于沉积岩是一层一层地沉积下来而生成的,因而形成了不同的岩层,岩石具有层理结构。在岩层中常常能找到已经变成岩石的古生物遗体或遗迹,即化石(图2.10)。沉积岩能很好地反映地球历史。

化石

图 2.10　化石

## 阅读

### 恐　龙

恐龙是一种生活在中生代时期的爬行动物。恐龙种类多,体形和习性相差也大。大多数恐龙有庞大的身躯、矫健的四肢和长长的尾巴,还有能全然直立的姿态。就食性来说,有温顺的草食者和凶暴的肉食者,还有荤素都吃的杂食性恐龙。它们主要栖息于湖岸平原(或海岸平原)上的森林地带或开阔地带。

6 500万年前白垩纪结束时,恐龙突然从地球上全部消失了。关于恐龙灭绝的原因有多种假说,其中"陨石撞击说"得到较多科学家的认可。虽然目前我们无法看到真实的恐龙,但是地球过去的生物均会被记录在化石之中。科学家们在中生代的地层中陆续发现许多恐龙的化石,尤其是大量的、呈现出各式各样形状的巨大骨骼化石。他们通过各种现代高科技手段将恐龙化石复原,使我们能够逐渐深入地了解恐龙(图2.11)。

图 2.11　恐龙化石

我国是世界上少数几个存有大量恐龙化石的国家之一,云南禄丰、四川自贡和内蒙古锡林郭勒盟等地的恐龙化石埋藏量大,种类丰富,河南南阳等地还发现了大量的恐龙蛋化石,我国多地建有以宣传普及恐龙相关知识为主的主题公园或博物馆。

### 3. 变质岩

变质岩是指地壳中原有的岩石,在高温、高压作用下,原来岩石的成分、性质发生改变而形成的岩石(图2.12)。例如,大理岩是由石灰岩变质而成,石英岩是由石英砂岩变质而成,板岩是由页岩变质而成。

大理石　　石英岩　　板岩

世界地质公园

图 2.12　变质岩

### 思考

1. 矿物和岩石的区别是什么?三大类岩石的成因是什么?
2. 下面四种岩石中,能找到化石的是哪种?为什么?
　① 花岗岩　② 大理岩　③ 页岩　④ 玄武岩

## 三、岩石圈的物质循环

岩石圈中岩浆岩、沉积岩和变质岩三大类岩石,在地表形态的塑造过程中相互转化,这种转化被称为岩石圈的物质循环(图2.13)。已经生成的各类岩石在地下深处受到高温作用发生重熔再生,成为新的岩浆。岩浆在一定的条件下再次侵入地壳或喷出地表,形成新的岩浆岩,地表岩石接受外力的风化、侵蚀、搬运和堆积作用并经过固结形成沉积岩。已经形成的岩石在高温高压的作用下,发生成分和性质的改变,形成变质

岩石圈的组成与物质循环

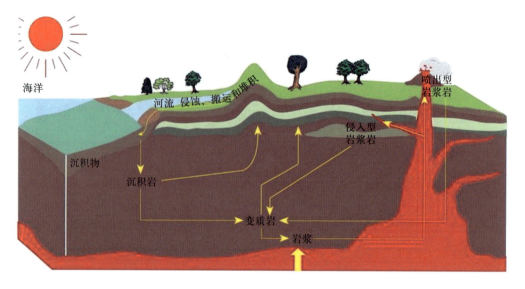

图 2.13　岩石圈物质循环示意图

岩。如此循环往复,使岩石圈中的各种物质处于不断相互转化之中,改变了地表形态,塑造出千姿百态的地貌景观;形成了地球上丰富的矿产资源,为人类生存提供了必备的物质条件。

 **阅读**

## 地层与化石

　　生物总是从低级向高级、从简单向复杂进化的,生物的进化过程深受地理环境的影响。

　　地层包含地质历史上一定地质时期形成的各种成层岩石和堆积物。沉积岩的地层具有明显的层理结构,在其形成过程中,有些生物的遗体或遗迹会在沉积物中保存下来,形成化石。化石是确定其所在地地层的年代和古地理环境的重要依据(图 2.14),同一时代的地层往往含有相同或相似的化石。科学家通过研究全球各地地层和包含其中的化石,知道了地球不同时期的特征及变化,了解了地球演化呈现明显的阶段性。

图 2.14　地层与化石示意

因此,根据地层顺序、生物演化、岩石年龄等,科学家把地球的历史按照由大到小——宙、代、纪等时间单位进行了编年,这就是地质年代。例如中生代是爬行动物繁盛的时代,恐龙出现于三叠纪,盛行于侏罗纪,终结于白垩纪。

## 活动

有条件的学校,可以组织学生参观地质博物馆或自然博物馆,认识并观察矿物、岩石和化石标本。

测一测

# 第三节　地表形态的塑造

## 课前活动

[成语故事]　　　　　　　　沧海桑田

传说从前有两个仙人,一个叫王远,一个叫麻姑。一次,他们相约去饮酒。到了约定的那天,王远先到,等了好久还不见麻姑来,便吩咐侍者去请她。侍者回来向王远禀报说:"麻姑此刻正奉命巡视蓬莱仙岛,稍待片刻,就会来和先生见面的。"没多久,麻姑从空中降落下来了。二人互相行过礼后,王远就吩咐开宴。席间,麻姑对王远说:"自从成仙以来,我已经亲眼见到东海三次变成桑田。刚才到蓬莱,又看到海水比前一时期浅了一半,难道它又要变成陆地了吗?"王远叹息道:"是啊,人们都说,大海的水在下降,不久那里又将扬起尘土了。"宴饮完毕,王远、麻姑各自召来车驾,升天而去。

讨论:你能举例说明地球上"沧海桑田"的变化吗?

## 一、营造地表形态的力量

地球的表面形态,不断地发生变化。引起地表形态发生变化的作用,按其能量来源,可分为内力作用和外力作用两种。

### 1. 内力作用

内力作用的能量来自地球内部,主要是地球内部的热能。内力作用主要表现为地壳运动、岩浆活动和变质作用。在自然界中,有些内力作用进行得很快,可以在瞬间改变地表形态,如地震、火山喷发等;有些内力作用则进行得非常缓慢,只有经过漫长的地质年代,才会使地表形态发生显著变化。

地壳运动是塑造地表形态的主要方式,分为水平运动和垂直运动两种基本形式。水平运动使岩层发生水平位移和弯曲变形,在地表常形成绵长的断裂带和巨大的褶皱山脉。垂直运动表现为地壳的抬升或下沉,它引起地表岩层的隆起、凹陷和海陆变迁。总体来说,地壳运动中两个方向的运动同时存在,相互作用,相互影响。就全球而言,地壳运动是以水平运动为主,垂直运动为辅。

内力作用

内力作用奠定了地表形态的基本格局,总的趋势是使地表变得高低不平。

案 **1** 例

### 喜马拉雅山脉的形成

地质考察证实,在 20 亿年前,现在的喜马拉雅山脉地区是一片汪洋大海,称古地中海。大约 4 000 万年前,地壳发生了一次强烈的造山运动,在地质上称为"喜马拉雅运动",即印度洋板块与亚欧板块挤压碰撞,喜马拉雅山脉开始隆起。岩层隆起的速度是非常缓慢的,喜马拉雅山脉平均每年上升速度为 0.33~1.27 厘米,经过漫长的演变,喜马拉雅山脉上升为世界上最高大的山脉之一(图 2.15)。

图 2.15 喜马拉雅山脉

 阅读

### 板块构造学说

板块构造学说是 20 世纪 60 年代后期形成的一种全球构造理论。该学说认为地球的岩石圈不是整体一块,而是被一些断裂构造带,如海岭、海沟等,分割成许多单元,叫作板块。

全球岩石圈分为六大板块,包括亚欧板块、非洲板块、印度洋板块、太平洋板块、美洲板块和南极洲板块(图 2.16)。每个大板块又可以分为若干小板块,这些板块处在不断运动之中。一般来说,板块的内部地壳比较稳定,板块之间的交界处是地壳比较活跃的地带,火山和地震多集中分布在板块交界地带。

板块相对移动而发生的彼此碰撞或张裂,形成了地球表面的基本面貌。在板块张裂的地区,易形成裂谷或海洋,如东非大裂谷、大西洋等。在板块相撞挤压的地区,常形成山脉、海沟或岛弧,如喜马拉雅山脉就是由亚欧板块和印度洋板块碰撞产生的,马里亚纳海沟是太平洋板块俯冲到亚欧板块之下形成的,东亚岛弧链是亚欧板块受挤压上拱隆起形成的。

　　←→ 生长边界(海岭、断层)　　　↓ 消亡边界(海沟、造山带)

图 2.16　六大板块示意

## 2. 外力作用

　　地球表面的风、流水、冰川、生物等引起的地表形态的变化,统称为外力作用。外力作用的能量来自地球外部,主要是太阳辐射能。它对地表形态的塑造主要有风化、侵蚀、搬运和堆积等方式。

　　在温度变化、水、大气以及生物作用的影响下,地表或接近地表的岩石发生崩解和破碎,形成大小不等的岩石碎块或沙粒,这种作用叫风化作用。风化作用产生的松散物质残留在地表,为其他外力作用创造了条件,也为土壤的形成提供了物质基础。

　　流水、冰川、风、海浪等对地表岩石及其风化产物的破坏作用,称为侵蚀作用。侵蚀作用会使被侵蚀掉的物质离开原地,并在原地形成侵蚀地貌。河谷是典型的河流侵蚀地貌,它由沟谷发育而来,降水或冰雪融水在地表流动的过程中,逐渐汇集成沟谷流水。沟谷流水水量大、流速快,能量集中,常常向河流源头方向和河谷下方侵蚀,使沟谷越来越深,越来越长,形成"V"字形峡谷。瀑布、峡谷就是河流侵蚀作用的强烈表现(图 2.17),我国黄土高原千沟万壑的地表形态也是流水侵蚀的结果。

壶口瀑布

长江三峡

图 2.17　侵蚀地貌

　　风化或侵蚀作用的产物在风、流水、冰川等的作用下,从一个地方移动到另一个地方,叫作搬运作用。搬运作用为堆积地貌的发育输送了大量物质。

　　在搬运的过程中,由于风速、流速降低或冰川融化,被搬运的物质堆积下来,形成堆积地貌。冲积平原是比较典型的一种河流堆积地貌,包括冲积扇、河漫滩平原和河口三角洲等类型(图 2.18)。在干旱地区,搬运作用常导致沙丘、沙垄等风力堆积地貌(图 2.19)。

外力作用与地
表形态

洪积平原发育于山前。

河漫滩平原发育于河流中下游。

三角洲形成于河流入海口的海滨地区。

图 2.18　河流堆积地貌

图 2.19　堆积地貌——新月形沙丘

　　外力通过风化、侵蚀作用不断地对地表进行破坏,并把被破坏的物质从高处搬运到低处堆积起来,总的趋势是使地表起伏状况趋向于平缓。

　　地表形态是内力和外力共同作用的结果。如果说内力作用形成地表形态的"粗毛坯",外力作用则不断地把"粗毛坯"进行再塑造,使地表形态丰富多彩。

案 **2** 例

## 桂林山水甲天下

桂林位于我国广西的东北部,"山清、水秀、洞奇、石美"是桂林风景的"四绝"(图2.20)。桂林山水是典型的喀斯特地貌。喀斯特地貌多发育于石灰岩地区,在适当条件下,这类岩石的物质溶于水并被带走或重新沉淀,在地表和地下形成形态各异的地貌。我国的广西、贵州、云南等地喀斯特地貌最为典型。地表喀斯特地貌主要有溶沟、洼地、峰林等,有的洼地面积可达数平方千米,当地称为坝子,是西南地区主要的农耕区。地下喀斯

图2.20　桂林山水

特地貌以溶洞为主,溶洞中常见石钟乳、石幔、石笋和石柱等。

走进桂林,来到漓江,映入眼帘的是一座座平地而起的山峰倒映在明洁如镜的漓江水面的画面,宛如巨幅水墨画,"江作青罗带,山如碧玉簪"是桂林山水的真实写照。

 **思考**

1. 内力作用和外力作用对地表形态的影响有什么不同?

2. 查找资料,了解我国还有哪些地区分布着典型的喀斯特地貌,它们形成了哪些著名的旅游景点。

## 二、山岳的形成

山岳又称山地,是陆地的主要组成部分之一,也是陆地的骨架,主要有褶皱山、断块山、火山等。

### 1. 褶皱山

岩层受地壳运动的强大挤压作用所产生的一系列的波状弯曲,叫作褶皱。褶皱有背斜和向斜两种基本形态(图2.21)。从形态上看,背斜一般是岩层向上拱起,向斜一般是岩层向下弯曲。在地貌上,背斜一般发育成为山岭,向斜一般发育成为谷地。但是,有时褶皱构造的背斜顶部因受到张力,被侵蚀成谷地,而向斜槽部受到挤压,岩层变得紧实,不易被外力侵蚀,反而形成山岭(图2.22)。

世界上许多高大山脉,如喜马拉雅山脉,阿尔卑斯山脉和安第斯山脉等都是褶皱山。

### 2. 断块山

当地壳运动产生强大的压力或张力,超过了岩层所能承受的限度时,岩层发生断裂,并且沿岩层断裂面两侧发生明显的位移,称为断层(图2.23)。断层可以形成断块

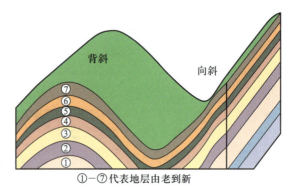

图 2.21　褶曲示意

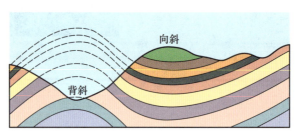

图 2.22　被侵蚀缺失的褶皱

山、沟谷、陡崖等地貌。断块山是一种分布广泛的地貌形态,我国的华山(图 2.24)、庐山、泰山等都是断块山。

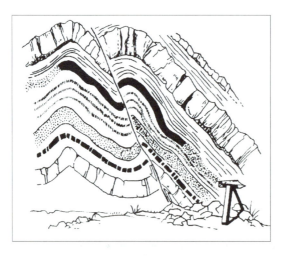

图 2.23　断层示意

图 2.24　华山

火山

### 3. 火山

　　地幔上部软流层中的岩浆,在地下巨大的压力作用下,沿着地壳的薄弱地带喷出地表,形成火山(图 2.25)。火山喷发物在火山口周围堆积起来,形成圆锥形,称为火山锥。火山口是位于火山锥顶部的漏斗形喷口,有时火山口会积水成湖,如我国的长白山天池。

火山活动会对人类活动产生影响。火山爆发喷出大量的火山灰和暴雨结合形成的泥石流能冲毁道路、桥梁，淹没附近的乡村和城市，使无数人无家可归。但对火山资源的有效利用也可以带给我们生活的乐趣与便利。一般来说，火山资源的利用价值主要体现在它的旅游价值、地热价值和火山岩材料利用方面。许多火山地区已成为旅游和疗养胜地。

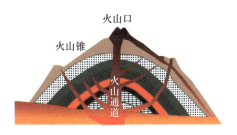

图 2.25　火山示意

 **阅读**

## 地貌与人类活动

不同的地貌对人类活动有很大的影响，主要表现在人口与聚落（乡村和城市）的分布、工农业生产以及交通运输等方面。

今天，世界上的人口和聚落多分布于中低纬度的沿海平原。河流沉积形成的冲积平原，地势低平，土壤肥沃，便于农耕，为聚落提供丰富的农副产品。一望无际的平原利于陆路交通线的建设，公路、铁路的建设成本较低，线路密度较大。河流还为聚落提供充足的生产、生活用水，并作为交通运输通道，方便对外联系和运输。在我国的长江三角洲地区，形成了密集的水运网。

地貌对交通运输方式及线路布局的影响显著。与平原相比，山区地面起伏大，考虑到修建成本和技术难度，在山区，人们通常会把线路选在相对和缓的山间盆地和河谷地带。为了生活方便，山区居民一般居住在山间的平地上。一般山区的交通运输线往往迂回前行，在坡度较大的山区常见"之"字形的公路。随着桥梁、隧道工程技术的进步，如今山区公路与铁路的建设难度已大大降低。

人类活动能够直接塑造地表形态，或干预地貌的发展过程，改变地貌发育条件。例如人们在丘陵地区修筑梯田，可减缓流水的侵蚀作用；填海造陆，改变了海岸线的形态（图 2.26）。总之，人类活动既受到地表形态的影响，也在不断地改变着地表形态。

图 2.26　元阳梯田

不同的地貌具有不同的美感，各种地貌类型以其独特的形态和魅力构成千姿百态的旅游资源，其中以喀斯特地貌、丹霞地貌和花岗岩地貌旅游资源最具有吸引力。

  **活动**

查看我国正在使用的第五套人民币不同面值的纸币背面的风景，试用所学理论来

测一测

解释一些主要自然风景区地貌的形成原因。

# 第四节　地质灾害及其防御

 **课前活动**

[问题探究]

1976年7月28日凌晨3时42分,在河北唐山发生里氏7.8级地震。这次地震破坏的范围超过30万平方千米,有感区域达14个省、自治区、直辖市。地震中造成24.2万人死亡,16.7万人伤残,直接经济损失54亿元,是我国历史上一次罕见的极为严重的地震灾害。

讨论:你知道地震是怎么发生的吗? 该如何预防和应对呢?

## 一、主要地质灾害

地质灾害是指在自然或者人为因素的作用下形成的,对人类生命财产、环境造成破坏和损失的地质现象。给人类带来较大危害的地质灾害主要有地震、火山、滑坡和泥石流等。

### 1. 地震

世界上的地震大部分属于构造地震。地壳运动使岩石发生变形,当变形积累到一定程度时,岩层会突然断裂或错动,使积累起来的能量急剧释放出来,以地震波的形式向四周传播,使地面发生震动,形成地震。地震会导致建筑物倒塌,道路损坏,资源环境遭到破坏等,给人们的生命财产造成重大损失。

地震的大小通常用里氏震级来表示,里氏震级是由美国地震学家里克特于1935年提出的一种震级标度,是目前国际通用的地震震级标准。震级与地震释放的能量多少有关。一般来说,震级3级以下称为微震,3～5级称为有感地震,5级以上的地震会造成破坏,被称为破坏性地震,7级以上地震会造成重大损害,被称为大地震。地球上每年发生数百万次地震,其中绝大多数地震是人们感觉不到的。

按震源深度分为:浅源地震(震源深度＜70千米)、中源地震(震源深度70～300千米)、深源地震(震源深度＞300千米)。

地震时地面受到的影响和破坏程度用烈度表示。一次地震,不同地区受到破坏程度不同,烈度也不同。震级越大,烈度越大。烈度还与震源深度、震中距、地质构造和地面建筑等关系密切。我国将地震烈度划分为Ⅰ～Ⅻ度。地震构造,如图2.27所示。

根据板块构造学说,在岩石圈六大板块中,板块与板块的交界地带地壳不稳定,易发生地震,板块内部的断层活动带也是地震的主要发生带。环太平洋地震带和地中海—喜马拉雅地震带是世界两大主要地震带(图2.28)。

我国地跨世界两大地震带,内部断层众多,地震发生范围广、频度高、强度大,是世界上地震灾情最严重的国家之一。我国地震灾害发生频繁的地区有四大地震带,即台湾与福建沿海地震带、华北太行山沿线和京津唐地震带、青藏高原及其边缘地震带、新疆地区盆地边缘地震带(图2.29)。

震级与烈度

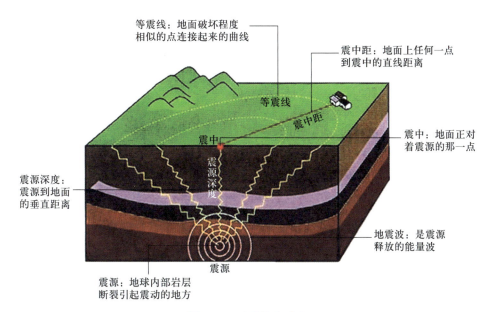

图 2.27　地震构造示意

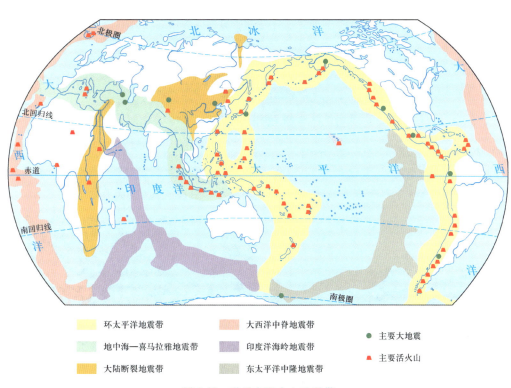

图 2.28　世界主要火山地震带

震级
○　>8.0
○　7.0~8.0
○　6.0~7.0　　　　地震带
。　5.0~6.0　　　　南北地震带

图 2.29　中国地震多发区分布

### 5.12 汶川大地震

　　2008 年 5 月 12 日 14 时 28 分 04 秒,在中国的四川省发生里氏 8.0 级强烈地震,震中位于汶川县映秀镇附近,震源深度 14 千米,震中最大烈度XI度。此次地震涉及四川省、甘肃省、陕西省、重庆市和云南省等地,破坏特别严重的地区受灾超过 10 平方千米(图2.30)。

图 2.30　汶川大地震震后

此次地震为中华人民共和国成立以来国内破坏程度最强、波及范围最广、总伤亡人数最多的地震。汶川地震不仅造成大量房屋倒塌，道路、管道、通信等基础设施遭到破坏，还诱发了塌方、滑坡、泥石流、火灾等灾害。地震造成的家破人亡和生活突变，严重损坏灾区人们的心理健康。汶川地震死亡人数远远小于唐山地震，但直接经济损失却远大于唐山大地震。经国务院批准，自 2009 年起，每年 5 月 12 日为全国"防灾减灾日"。

## 活动

组织全校学生开展模拟地震逃生和紧急疏散演习，从应急反应能力、避震方式、避震空间、避震姿势、逃生路线等方面设计活动方案。

### 2. 滑坡

滑坡是指山地斜坡上不稳定岩体或土体，在重力作用下沿着一定的断层面，整体向下滑动的地质现象。滑坡一般发生在山地岩体较破碎、地势起伏较大、植被覆盖较差的地区。滑坡会破坏或掩埋农田、道路和建筑物，造成人员伤亡，危害程度极大。

### 3. 泥石流

泥石流是指山区由于暴雨或冰雪融水导致突然暴发的、一种挟带大量泥沙、石块的特殊洪流。地形陡峻、地表岩层较为松散的地区，在暴雨期易发生泥石流灾害。泥石流多与山洪相伴，可以在短时间内摧毁桥梁、道路、房屋，堵塞河道，破坏森林、农田，对人民的生命财产、生产活动以及环境造成很大危害。

遇到泥石流该
如何自救？

### 甘肃舟曲泥石流

2010 年 8 月 7 日 22 时左右，甘肃甘南藏族自治州舟曲县，由于强降雨引发特大泥石流灾害，泥石流下泄，由北向南冲向县城，造成沿河房屋冲毁。同时，泥石流堵塞了嘉陵江上游支流白龙江，形成堰塞湖，回水使舟曲县城被淹，电力、交通、通信中断（图 2.31）。

图 2.31　甘肃舟曲特大泥石流

　　我国是一个多山的国家，山区面积约占全国土地总面积的 2/3，其中居住着全国 1/3 的人口。在山高谷深、地势陡峭、地质构造复杂和地表岩层较为松软的地区，若受到重力或水力的作用，易形成滑坡和泥石流等地质灾害。我国是世界上滑坡和泥石流灾害发生较为频繁的国家之一，其特点是分布广泛、类型齐全、规模巨大。

## 二、防灾减灾

　　地质灾害在很大程度上给人类的生产和生活带来威胁，因此，人们应该提高防灾避灾意识，学习灾害自救的知识与技能，增强参与救灾的社会责任感，在突发灾害面前，要沉着冷静。未成年人遇到灾害时，要首先维护自身安全。

### 1. 地震的防灾减灾

（1）防震与避震

　　从现阶段来说，地震具有不可预测性，而且是破坏力极强的一种自然现象。因此，当破坏性地震发生时，如何能够最大限度地减少人员伤亡呢？

　　从社会层面上，应加强防震减灾的科普教育工作。在可能发生较强地震的区域，首先应以家庭或学校等为单位，积极开展防震准备，使每一个公民都树立起防震意识，学会一定的防震避震措施。

　　当地震发生时，人们从开始感到晃动到房屋倒塌一般有十几秒的时间，这是非常重要的自救时间。一般来说，人从感觉晃动到意识地震发生往往需要 3～5 秒，然后以最快速度躲避的时间也只有 7～9 秒。此时要保持冷静，在十几秒内要因时因地做出瞬间抉择——是"跑"还是"躲"。如果在平房或一楼可迅速逃到安全空地的，就应选择"跑"；其他情况下以就地躲避为好。如果住在现代高层建筑，通常建筑本身具有良好的抗震性能，可以采取就地躲避的方法，但要防止被坠物砸伤（图 2.32）。

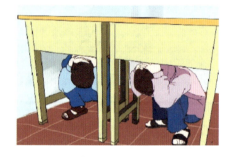

图 2.32　防震避震

　　当地震发生时，如果正在室外空旷的地方活动，尽量到开阔的空地上躲避，要迅速远离高层建筑、墙壁和桥梁等，注意保护头部，同样要防止被高处坠落物砸伤。

（2）震后自救与互救

　　地震发生后，从个人层面来说，不论救援人员是否到达，自救与互救都是不可缺少的救生措施。地震发生后往往还有余震，还会引发一些次生灾害，比如崩塌、滑坡、火灾等，不可立即返回家中，要远离危险区域，等待余震过后再进行处置。

　　地震对人的伤害主要是倒塌的建筑物对人造成的埋压和砸伤，所以学会基本常识是必要的。当人被压埋在废墟下时，要谨防烟尘呛闷窒息的危险，可用毛巾、衣袖等捂住口鼻，尽快想办法摆脱困境。如果只能留在原地等待救援，要听到外面有人时再呼喊，尽量减少体力消耗；寻找一切可以充饥的物品，并想办法与外面救援人员进行联系。在此过程中，要有生存的勇气和顽强的毅力，在缺水、断粮的环境下保存体力，挑战生命极限。

## 阅读

### 防震避震要点

（1）熟悉周边环境，明确知晓最快捷、最安全的逃生路径。

（2）室内物品摆放合理、安全，确定室内安全角，如高大结实的家具旁、室内小开间、三角空间等地。

（3）准备防震应急包，包中装食品、水、急救药、手电筒、微型收音机、金属哨子、简单应急工具等。

（4）准备个人急救卡片并随身携带，上面标明姓名、住址、电话号码、血型、紧急联系人，以及其他个人特殊情况。

（5）地震时如正在用火、用电，应迅速关闭火源、电源。

（6）地震时如正在楼房内，应迅速离开外墙与门窗，选择厨房、浴室、厕所等开间小、不易塌落的地方躲避，千万不要跳楼。

（7）地震时如正在搭乘电梯，应快速离开电梯，若不幸被关在电梯中，要马上通过电梯中的专用电话求助。

（8）地震时在平房内，要迅速逃到空旷地带，若来不及就尽快躲避在比较坚固的家具或者设备的下面或旁边。

（9）地震时在户外要尽量避开高大建筑物、桥梁、高压电线及化工设备，避开陡坡、陡崖等；在人群较为集中的场所，注意防止人群的拥挤和踩踏现象发生。

（10）如在地震中被掩埋，要克服恐惧心理，坚定生存信念。如一时不能脱险，应保持镇静，捂住口鼻，防止因吸入灰尘窒息；设法支撑可能坠落的重物，创造生存空间；减少体力消耗，不要大声呼叫，可用石块等敲击物体，设法与外界联系；搜寻水和食物，静待救援。

### 2. 滑坡和泥石流中的防灾与避灾

由于滑坡、泥石流大多发生在持续暴雨后，所以大多可以防患于未然。在社会层面，对于滑坡、泥石流易发多发地区，应定期开展滑坡、泥石流风险性评估，必要时可对一些重点区域和沟谷进行监测，或采取一些工程整治措施。

作为个人，可以通过以下措施加强对滑坡、泥石流的防避：

当滑坡发生时，如果处在滑坡体上，应首先保持冷静，环顾四周，然后迅速向滑坡体的两侧撤离。如果遇到无法逃离的高速滑坡或滑坡体呈整体滑动时，应原地不动或抱住大树等物。如果在滑坡可能影响到的山前或者沟谷，要判断滑坡运动方向，迅速撤离可能被滑坡影响到的地带。

在泥石流易发多发地区的雨季或者暴雨时，尽量不要去沟谷。即使要去，也不要在沟谷中长时间停留。一旦听

图 2.33　泥石流防避

到上游传来异常声音,应迅速向沟谷两侧的山坡上方撤离(图2.33),切忌顺着滚石方向往山下跑。

面对灾害,我们应该未雨绸缪,力争使灾害损失降低到最小,这些既需要政府领导下的有组织的社会行动,也需要每个公民的积极参与。

## 活 动

1. 查找资料,了解世界各国对地震预测预报工作的研究进展情况。

2. 了解学校所在地的应急避难所,查找从学校或居所前往应急避难所的最佳路线。

## 阅读材料　地球的历史

地球约有46亿年的历史,有着悠久的过去,还将有漫长的未来,研究人类社会的历史有典籍可供查阅,有文字、文物可供考证,而研究地球的历史则主要靠组成地壳的地层以及岩层中的化石,它们是地球历史的记录。

科学家把硬体生物的大量出现,作为划分一个新的地质年代的标志,称之为寒武纪(距今5.41亿年)。前寒武纪包括了冥古宙、太古宙和元古宙。地球形成之初,只有一些有机质,在辽阔的海洋中逐渐出现了蓝细菌等原核生物,它们能够通过光合作用制造氧气,并逐渐演化出真核生物和多细胞生物,例如藻类、海绵等生物。

到古生代(距今5.41亿~2.52亿年),寒武纪生命大爆发,地球进入了生物繁盛以及较高级生命演化的新阶段——显生宙,形成了多种门类动物同时共生的繁荣景象。海生无脊椎动物空前繁盛,如三叶虫、笔石、珊瑚等;海洋面积缩小,陆地上开始出现低等的植物。到晚古生代,鱼类大量繁衍,随着陆地面积的扩大,一些鱼类逐渐进化成能适应陆地环境的两栖类动物。在陆地上,裸子植物开始出现,此时蕨类植物繁盛,形成广阔的森林,是当时主要的造煤植物,石炭—二叠纪是地质历史上重要的成煤期。

中生代(距今2.52亿~6 600万年)因介于古生代和新生代之间而得名,分为三叠纪、侏罗纪和白垩纪。这一时期地球上大陆轮廓已基本形成。爬行动物盛行,演化出种类繁多的恐龙,成为动物界的霸主。后来一些爬行动物进化出羽毛,向鸟类发展。在陆地上裸子植物极度繁盛。中生代末期发生了物种大灭绝事件,绝大多数物种从地球上消失。

在新生代(距今6 600万年至今),各大陆板块漂移到现在的位置,地球上的海陆分布、山岳位置、江河流向等与现代接近。哺乳动物和被子植物大发展。第四纪出现了人类,这是生物史上的重大飞跃。第四纪时,地球上发生了数次冷暖交替,冰期来临时,冰川范围扩大,海平面下降,许多大陆架成了人及动物来往的通道。

目前,地球正处于一个温暖期。

## 【本章小结】

通过对地球圈层结构的认识,了解地球内部圈层和外部圈层的划分和各层的基本特征。地表的物质组成,主要是三大类岩石以及组成岩石的矿物,了解矿物、岩石在生产和生活中的用途。地球表面形态的形成主要是内力作用和外力作用的结果,其中内力作用使地表变得高低起伏不平,而外力作用又使地表起伏趋向于平缓。地质灾害是给人类带来极大威胁的自然灾害,积极做好防灾减灾工作尤为重要。

## 【参考文献】

[1] 课程教材研究所/地理课程教材研究开发中心.普通高中教科书地理必修第一册[M].北京:人民教育出版社,2019.

[2] 朱翔,刘新民.普通高中地理课程标准实验教科书地理必修1[M].长沙:湖南教育出版社,2019.

[3] 王民.普通高中教科书地理必修第一册[M].北京:中国地图出版社,2019.

[4] 课程教材研究所/地理课程教材研究开发中心.普通高中课程标准实验教科书:地理(必修1)[M].北京:人民教育出版社,2006.

[5] 课程教材研究所/地理课程教材研究开发中心.普通高中课程标准实验教科书:地理(选修5)[M].北京:人民教育出版社,2007.

[6] 儒勒·凡尔纳.地心游记[M].上海:上海人民出版社,2019.

[7] 阎元宁,郭克毅.珍宝异石:宝石篇[M].北京:农村读物出版社,2006.

[8] 宋春青,邱维理,张振春.地质学基础[M].4版.北京:高等教育出版社,2005.

# 第三章　地球上的大气

　　蓝天白云、雨雪纷飞、云腾雾散、风起云涌、神秘宝光、壮观虹霞……多么迷离虚幻而又令人神往的大气世界。

　　有了大气,地球上才有气象万千的景象;有了大气,地球上才有万物生长。无论是人类还是地球上的其他动植物,都与大气息息相关,一刻也离不开它。

## 【学习目标】

通过对本章的学习,应实现以下目标:

1. 知道大气的组成和垂直分层及其与生产生活的联系。

2. 知道大气的受热过程,理解热力环流和风的形成。

3. 了解气压带和风带的形成。

4. 掌握季风特别是东亚季风的成因。

5. 了解锋、低气压、高气压等天气系统及其影响下的天气。

6. 知道影响我国的主要气象灾害类型及其特点和危害。

7. 明确保护大气环境的重要意义。

# 第一节　冷热不均引起大气运动

 **课 前 活 动**

[课前思考]

1. 你知道地球的大气是由哪些物质组成的吗？它们在大气中起到什么作用？
2. 大气是看不见摸不着的，你有什么方法可以让幼儿知道"大气是存在的"吗？

包裹着地球的所有气体，我们统称其为大气。当微风拂过的时候，你会想到它正从你身边走过吗？当电闪雷鸣、阴云密布的时候，你会想到这样的景象是它带来的吗？大气是我们身边无处不在的物质，它虽然看不见、摸不着，但它一直都存在着。

## 一、大气的组成和结构

大气是由多种气体混合组成的，其中近地面的大气中除了干洁空气外，还包含少量的水汽和固体杂质。干洁空气的主要成分是氮和氧，两者加起来几乎占到了大气总体积的99%，其他气体如二氧化碳、臭氧、氩气等微量气体只占大气总体积的1%左右（表3.1）。

表 3.1　干洁空气的主要成分

| 气体成分 | 体积分数/% | 气体成分 | 体积分数/% |
|---|---|---|---|
| 氮（$N_2$） | 78.08 | 氦（He） | 0.000 52 |
| 氧（$O_2$） | 20.94 | 甲烷（$CH_4$） | 0.000 11 |
| 氩（Ar） | 0.93 | 氪（Kr） | 0.000 11 |
| 二氧化碳（$CO_2$） | 0.036 | 氢（$H_2$） | 0.000 05 |
| 氖（Ne） | 0.001 8 | 臭氧（$O_3$） | 0.000 001 |

大气中氮和氧对地球上的生命至关重要。氮是地球上生物体内蛋白质的重要组成成分，氧是生物维持生命活动的必需物质。它们在大气中所占的比重在地球上任何地区几乎是恒定不变的。

微量气体、水汽和固体杂质虽然在大气中所占比重较小，但也有着不可忽视的作用，比如：二氧化碳的存在可以帮助植物进行光合作用；臭氧形成臭氧层，保护着地球不被过多的紫外线照射；固体杂质作为凝结核可以帮助水汽发生相变，从而成云致雨。

根据气温、密度和运动状态的不同，大气层在垂直方向上可以分为三层：对流层、平流层和高层大气。

贴近地面的大气最低层为对流层，拥有约3/4的大气质量和几乎全部的水汽，是和人类关系最为密切的一层。对流层的气温随高度增加而降低，对流运动显著，从而导致云、雨、雪等复杂天气现象的形成。

从对流层顶部到距地表 55 千米的区域为平流层,其中包含了臭氧层。因为臭氧吸收大量太阳紫外线而增温,所以平流层的气温随高度升高而升高,大气也因此以水平运动为主。由于平流层天气现象单一,透明度好,是飞机飞行的理想区域。

平流层顶部向上为高空大气,空气稀薄,密度很小。其中位于 80～500 千米高空的电离层,可以反射短波无线电波,对无线电通信有非常重要的作用。

## 二、大气的受热过程

地球上的能量主要来自太阳辐射。但由于地球表面包围着厚厚的大气层,太阳辐射能要穿过大气层才能到达地面。在此传播过程中,太阳辐射能只有一小部分被大气吸收和反射,大部分穿过大气层到达地面,并被地面吸收和反射。

短波辐射和长波辐射

地面吸收太阳辐射能后升温,并同时以长波辐射的形式把热量传递给近地面的大气,形成地面辐射。近地面大气吸收了地面辐射后升温,又以对流、传导等方式层层向上传递热量,形成大气辐射。因此,地面是近地面大气主要、直接的热源(图 3.1)。

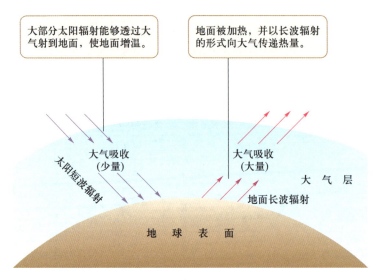

大气的受热过程

图 3.1　大气的受热过程

大气吸收地面辐射增温的同时,也向外辐射热量。大气辐射除一小部分向上射向宇宙空间外,大部分向下射向地面,把热量返还给地面。我们把向下射向地面的大气辐射称为大气逆辐射。

大气逆辐射在一定程度上补偿了地面损失的热量,从而使地面的昼夜温差变化趋于和缓,这就是大气的保温作用。

大气的受热过程影响着大气的热状况、温度分布和变化,制约着大气的运动状态。

 **活动**

你能解释下面的事情吗?

1. 为什么一天当中的最高气温出现在午后 2 时, 而最低气温出现在日出前后?

2. 为什么我国许多地区的农民常利用塑料大棚或玻璃温室生产反季节蔬菜或种植花卉呢?

## 三、热力环流

太阳辐射是大气运动的能量来源。由于太阳辐射在各纬度分布不均, 造成高低纬度间的温度差异, 从而引起大气的运动。大气运动最简单、最基本的形式是热力环流。

 **活 动**

小实验:烟向哪里飘?

实验材料:大饮料瓶、小刀、火柴、蜡烛、蚊香、玻璃片。

实验过程:

1. 用小刀将大饮料瓶的底部裁掉。

2. 用小刀从大饮料瓶底部向上大约 6 厘米处钻一个直径约 2 厘米的圆孔。

3. 将蜡烛固定在玻璃片上, 点燃蜡烛, 将可乐瓶罩住蜡烛。

4. 点燃蚊香, 将蚊香放在离可乐瓶底部圆孔约 1 厘米处。

观察:蚊香的烟向哪里运动?

5. 熄灭蜡烛, 将点燃的蚊香靠近气孔。

观察:蚊香的烟向哪里运动?

由以上活动, 我们可以推断出:当地面均匀受热时, 空气并没有运动, 而当地面受热不均时, 空气会发生上升和下沉的运动。如图 3.2 所示, 当 A 地不断受热时, 近地面因空气膨胀上升而密度减小, 形成相对于周围同高度大气层的低气压;高空因空气聚积而密度增大, 形成相对于周围同高度大气层的高气压。而 B 地不断遇冷, 空气冷却收缩下沉, 造成高空空气密度减小, 形成低气压;近地面因空气聚积而密度增大, 形成高气压。这样, 在高空, 空气便从气压高的 A 地流向气压低的 B 地;在近地面, 空气又从气压高的 B 地流回气压低的 A 地, 以补充 A 地上升的空气, 从而形成了热力环流。

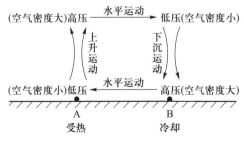

图 3.2　热力环流的形成

破坏诸葛亮妙
计的山谷风

热力环流是一种最简单的大气运动形式,是一种常见的自然现象。海洋与陆地之间(图3.3)、山谷和山顶之间、城市与郊区之间都可能形成热力环流。

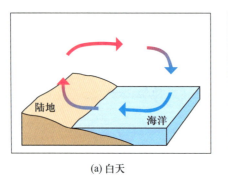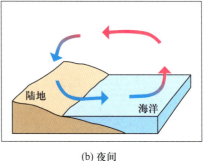

(a) 白天                    (b) 夜间

图3.3    海陆热力环流

# 四、大气的水平运动——风

气压梯度力:
会吸水的杯子

在热力环流中,大气有水平运动和垂直运动两种形式。其中,大气的水平运动就是风。大气的垂直运动使同一水平面上产生了气压差异。我们把单位距离间的气压差叫作气压梯度。在同一水平面上,由于气压梯度的存在,产生了促使大气由高气压区流向低气压区的力,这个力称为水平气压梯度力。它垂直于气压等压线,并由高压指向低压(图3.4)。

图3.4    水平气压梯度力作用下的风向

水平气压梯度力是形成风的直接原因。在没有其他力的影响下,风向与气压梯度力的方向一致,即垂直于气压等压线。

可是,由于地球的自转,风一旦形成,就会受到地转偏向力的作用,使风向逐渐偏转:北半球向右偏,南半球向左偏。高空大气,在水平气压梯度力和地转偏向力的共同作用下,风向与等压线平行(图3.5)。

近地面的风,还受到摩擦力的影响。摩擦力的方向与风向相反,对风有阻碍作用,可减小风速。近地面的风在气压梯度力、地转偏向力和摩擦力的共同作用下,风向与等压线之间成一定的夹角(图3.6)。

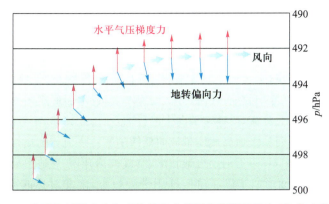

图 3.5　水平气压梯度力和地转偏向力共同作用下的风向(北半球高空)

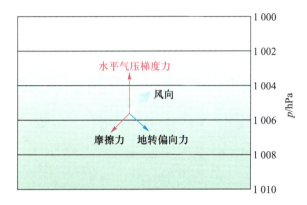

图 3.6　水平气压梯度力、地转偏向力和摩擦力共同作用下的风向(北半球近地面)

 **活 动**

手工活动:制作旋转的纸杯灯

材料:两个纸杯、剪刀、细线、茶烛、胶带、牙签

步骤:

1.用牙签在一个纸杯底部中心处钻一个小洞,将细线穿过小洞,用牙签固定。将这个纸杯作为纸杯灯的上座。

2.在这个纸杯的杯身上约等距离位置剪开四个长方形的扇叶,并将扇叶向同一方向倾斜。

3.在另一个纸杯的杯身上对称剪开两个方形的"窗户","窗户"的直径比茶烛的直径大一些。

4.用胶带将两个纸杯的杯口相对连接,带有扇叶的纸杯放在上面。

5.将茶烛固定在下面的纸杯底座上,点燃茶烛。

提起做好的纸杯灯,你发现了什么? 你能解释这个现象吗?

## 五、气压带和风带的形成和分布

全球性的有规律的大气运动称为大气环流。大气环流是各地天气变化和气候形成的重要因素,它把热量和水汽从一个地区输送到另一个地区,促使高低纬度之间、海陆之间的热量和水汽得到交换,调节了全球的水热分布状况。

### 1. 气压带

由于赤道地区终年炎热,大气受热膨胀,气流上升,密度减小,近地面形成低气压带。两极地区终年寒冷,大气冷却收缩,气流下沉,密度增大,近地面形成高气压带。赤道地区的上升气流在高空向南北分流,受地转偏向力的影响,在南北纬30°附近的高空积聚下沉,近地面形成高气压带。而从极地高气压带流向低纬的寒冷气流与副热带高气压带流向高纬的温暖气流,在南北纬60°附近的副极地相遇,空气被抬升,在近地面形成低气压带。

综上所述,地球表面形成了以赤道低气压带为中心,南北对称的七个气压带,它们分别是:赤道低气压带,南、北半球的副热带高气压带,南、北半球的副极地低气压带和南、北半球的极地高气压带(图 3.7)。

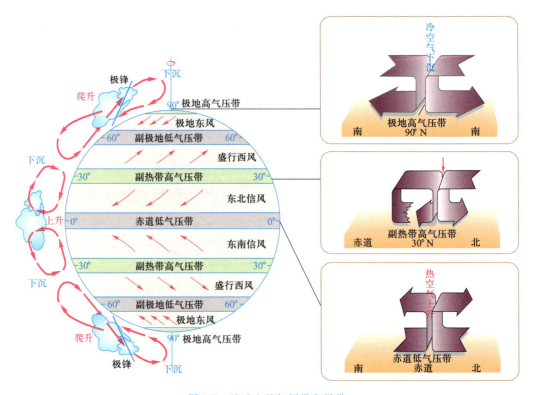

图 3.7  地球上的气压带和风带

### 2. 风带

全球近地面的大气由高压区流向低压区作有规律的运动,在七个气压带之间形成了六个风带(图 3.7)。

(1)信风带:在低纬度地带,大气由副热带高气压带流向赤道低气压带,形成信风带;受地转偏向力的影响,北半球偏转为东北信风,南半球偏转为东南信风。

(2)西风带:在中纬度地带,大气由副热带高气压带流向副极地低气压带,受地转偏向力的影响,风向偏转为西风,形成西风带(南北半球)。

（3）东风带：在高纬度地带，大气由极地高气压带流向副极地低气压带，受地转偏向力的影响，风向偏转为东风，形成东风带（南北半球）。

这是理想状态下的气压带和风带的分布。但实际上，受太阳直射点南北移动、海陆分布、地形、地势等因素影响，气压带和风带的分布状况要复杂得多。一般来说，不同的气压带和风带控制下的地区会形成不同的气候。

不同气压带、
风带对气候的
一般影响

### 我国华北地区与地中海地区的气候对比

我国华北地区由于冬季盛行从西伯利亚来的冷空气，气候十分寒冷且少雨，夏季盛行南方海洋上来的湿润气流，雨水集中，是典型的季风气候。

而同纬度的地中海地区由于冬季受到北方南下的西风带影响，西风带中频频东移的气旋使这里成为温暖的雨季；夏季在副热带高气压带控制下，却是炎热干燥，是别具特色的地中海式气候。

 **活　动**

阅读图3.8，分组选择一种气候类型，查找资料，了解其成因，分析它的形成和气压带、风带之间的关系。

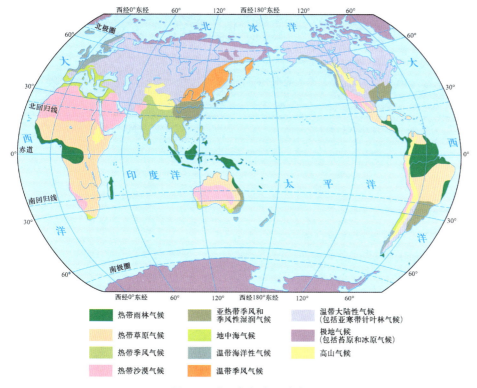

图3.8　世界气候类型分布

## 六、季风环流

海陆间热力性质的差异导致陆地的温度变化要快于海洋,它是季风形成的主要原因。

在同样的太阳辐射条件下,夏季,大陆升温快,形成低气压;海洋升温慢,形成高气压;冬季,陆地降温快,形成高气压,海洋降温慢,形成低气压。由于海陆间冬夏季气压高低的季节变化,引起了一年中盛行风的风向随着季节的变化而有规律地反向变换。

我们把这种大范围内盛行风的风向随季节变化而有规律改变的现象称为季风环流,它是大气环流的一种重要表现形式。

东亚地区背靠世界最大的大陆——亚欧大陆,面临世界最大的大洋——太平洋,海陆间的热力性质差异最大,因此季风环流以亚洲东部最为典型。冬季,亚洲大陆形成蒙古冷高压,来自西伯利亚干燥寒冷、势力强大的偏北风经亚洲东部吹向海洋,这就是冬季风——西北季风。夏季,亚洲大陆形成低压,吸引海洋上的暖湿气流从北太平洋副热带高压吹向亚洲大陆东南岸,这就是夏季风——东南季风(图 3.9)。

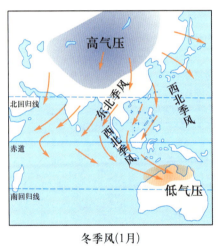
冬季风(1月)

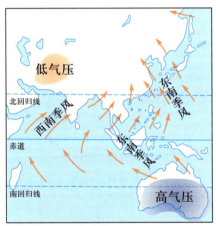
夏季风(7月)

图 3.9　东亚季风

测一测

## 思考

1. 为什么亚洲东部的季风环流最为典型?
2. 分析图中西南季风的形成原因。

# 第二节　常见天气系统

 **课前活动**

[问题探究]

请判断下列句子,哪些是说天气的,哪些是说气候的?

1. 东边日出西边雨。
2. 夜来风雨声,花落知多少。
3. 清明时节雨纷纷。
4. 昆明四季如春。

描写气象的
诗词

天气是指一个地方短时间的冷热、干湿、阴晴、风雨等大气状况;气候是指一个地方多年平均的天气状况。一个地方的天气是不断变化的。同一时间不同地方的天气也可能会差别很大。影响天气的主要因素是气团和锋、气旋(低压)和反气旋(高压)等天气系统。

## 一、锋与天气

大气中经常发生的阴、晴、风、雨、雪等天气现象,与气团、锋面的活动有着密切关系。气团、锋面在形成、发展、移动和消亡的过程中,都会伴随不同的天气。

气团,就是在水平方向上温度、湿度等物理性质比较均匀的大范围空气。气团按热力性质的差异,可分为冷气团和暖气团。

冷、暖气团在移动过程中相遇时形成的倾斜的交界面,称为锋面。由于锋面两侧的温度、湿度和气压都有明显的差别,所以锋面附近常伴有云、雨、大风等天气。锋面与地面相交的线叫锋线。一般把锋面和锋线统称为锋(图3.10)。

一场春雨一场
暖,一场秋雨
一场寒

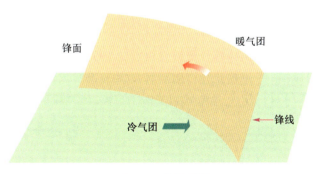

图3.10　锋的形成

根据冷暖气团在锋面移动过程中的主次地位,锋可以分为冷锋、暖锋和准静止锋。

冷锋是指冷气团主动向暖气团移动所形成的锋。由于冷气团密度大,其前缘插入暖气团下面,致使暖气团被迫抬升。在抬升过程中,暖气团中的水汽冷却凝结,容易成云致雨。冷锋过境时,常出现阴天、降雨(雪)、刮风、降温等天气现象;冷锋过境后,冷气团占据了原来暖气团的位置,所以气温降低,天气转好(图3.11)。

三国演义中
的冷锋

　　冷锋在我国一年四季都有,冬半年更常见。我国北方夏季的暴雨多是由冷锋形成的锋面雨,冬季暴发的寒潮也是冷锋南下时形成的。

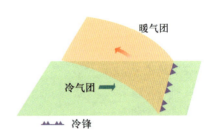

图3.11　冷锋及其天气

　　暖锋是指暖气团主动向冷气团移动时所形成的锋。由于暖气团沿冷气团徐徐爬升时,所含水汽冷却凝结、云层加厚,常常形成连续性的降雨。暖锋过境后,暖气团占据了原来冷气团的位置,于是气温升高、气压降低、雨过天晴(图3.12)。

　　暖锋在我国东北地区和长江中下游地区活动较为频繁。

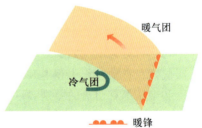

图3.12　暖锋及其天气

　　准静止锋是指锋面两侧的冷暖气团势力相当,或遇地形阻挡,使锋面较长时间在某一地区来回摆动的锋。由于准静止锋徘徊不前,故当地易形成连绵降水的天气。如,受准静止锋的影响,我国长江中下游地区初夏会有持续一个月左右的阴雨天气,俗称"梅雨"。

昆明准静止锋

 **活动**

根据课文内容及图3.11、图3.12,完成下表。

| 阶段 | 名称 | | |
|---|---|---|---|
| | 冷锋 | 暖锋 | 准静止锋 |
| 天气特征 过境前 | | | |
| 天气特征 过境时 | | | |
| 天气特征 过境后 | | | |

## 二、气旋、反气旋与天气

低压与气旋、高压与反气旋，分别是对同一个天气系统的不同描述。低压、高压是对气压状况而言，气旋、反气旋则是对气流状况而言。

低压，就是等压线闭合，中心气压低，并向外逐渐升高的气压分布状况。高压，就是等压线闭合，中心气压高，并向外逐渐降低的气压分布状况。

在水平气压梯度力、地转偏向力等的共同作用下，气旋（低压）的气流由外围流向中心，北半球地区呈逆时针方向旋转（南半球则相反）（图 3.13）。当某地被气旋控制时，由于气流辐合上升，在上升过程中温度降低，所含水汽易凝云致雨，因此常出现阴雨、大风天气。

同样，在水平气压梯度力、地转偏向力等的共同影响下，反气旋（高压）的气流由中心流向外围，北半球地区呈顺时针方向旋转（南半球则相反）（图 3.14）。在其控制下，气流下沉辐散，因此天气晴朗。

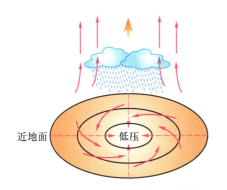

图 3.13　低气压及其天气（北半球）

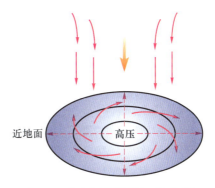

图 3.14　高气压及其天气（北半球）

气旋、反气旋与天气

气旋和反气旋是影响天气变化的重要天气系统。受海洋上热带气旋强烈发展的影响，我国东南沿海在夏秋季节常出现台风；受副热带高压的控制，我国长江流域在夏季有时出现"伏旱"天气。

 **活动**

根据你所学到的气旋、反气旋知识，完成南半球气旋、反气旋的大气运动示意图。

测一测

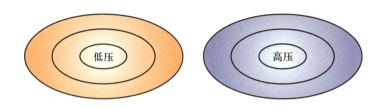

# 第三节　气象灾害及其防御

 **课 前 活 动**

[小调查]

走访当地气象部门,查阅气象资料,了解当地主要有哪些气象灾害? 针对这些灾害具体采取了哪些防御措施?

气象灾害是指大气对人类生活和经济活动所造成的直接或间接的损害。它是自然灾害中常见的一大类灾害现象。

气象灾害具有以下主要特征:灾情重,由气象灾害造成的生命和财产损失在各类自然灾害中居首位;种类多,气象灾害的种类多达几十种,如暴雨、洪涝、台风、干旱、寒潮、冰雹等;发生频率高,一年四季都会出现;群发性强,常常在同一时间段内发生在许多地区;范围广,无论是高山或平原,还是江河湖海,处处都会发生。

我国受气象灾害的影响严重。气象灾害不仅种类多,而且频繁多发,其中影响较大、较为常见的主要是台风、寒潮、洪涝和干旱等。

## 一、台风

台风是指在热带海洋上生成的,中心附近最大风力在 12 级以上的热带气旋(图3.15)。有些国家称之为飓风。全球大洋每年约有 80 个热带气旋生成,其中 2/3 左右达到了台风的强度。西北太平洋是全球台风发生频率最高、强度最大的海域。我国是世界上受台风影响最大的国家之一。

台风是热带气旋强烈发展的一种特殊形式,它形成在热带或副热带海面、温度在26 ℃以上的广阔洋面上。台风能量巨大,具有可怕的摧毁力。台风的破坏主要由强风、特大暴雨和风暴潮造成,具有突发性、破坏力大的特点。但是,台风也能带来丰沛的雨水,缓解高温酷暑和旱情。

### 强台风"烟花"来袭

2020 年 7 月 18 日,"烟花"形成于西北太平洋洋面,并于 21 日加强为强台风,最大

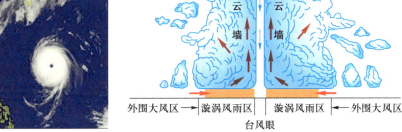

(a) 台风的形成　　　　　　　　　(b) 台风结构示意

图 3.15　台风眼及台风结构

风速达 40 米/秒,逐渐逼近我国华东沿海地区。21 日至 25 日,台湾岛东北部沿海、闽浙沿海出现 9~10 级大风,局部海域风力可达 12~15 级。22 日至 28 日,受"烟花"影响,浙江、上海、江苏、安徽东部和中南部、山东南部等地出现暴雨,局部地区有特大暴雨,给这些地区带来较大的经济损失。

减轻台风灾害的重要措施是加强对台风的监测,发布台风预报或警报。对台风的监测主要是利用气象卫星,根据气象卫星资料,可以确定台风中心的位置,预估台风的强度,监测台风的移动方向和速度,以及狂风暴雨出现的地区等,对于防止和减轻台风灾害起着重要作用。

台风的命名

## 二、寒潮

寒潮是指冬半年大范围的强冷空气活动。我国气象部门规定,当一次冷空气入侵,使气温在 24 小时内下降 10 ℃以上,最低气温降至 5 ℃以下时,可以发布寒潮警报。

寒潮的天气特点是剧烈的降温和大风,同时伴有暴风雨和霜冻。寒潮影响范围大(图 3.16),而且常常引发多种灾害。

寒潮造成的灾害主要有:剧烈降温使农作物遭受冻害(尤以秋季和春季危害最大);大风吹翻船只,摧毁建筑物,破坏牧场;严重的大雪、冻雨压断电线、折断电线杆,造成通信和输电线路中断,交通运输受阻,给人们的日常生活和生产活动造成很大的不便。

目前来说,对寒潮仍无有效的防御方法。加强监测,提前发布准确的寒潮消息或预警是减轻寒潮灾害的主要措施。寒潮预警信号分三级。当发布蓝色预警信号时,请注意添衣保暖,做好对寒潮大风天气的防御准备;发布黄色预警信号时,做好人员(尤其是老弱病人)的防寒保暖和防风工作;发布橙色预警信号,要进一步做好牲畜、家禽的防寒保暖和防风工作;农业、水产业、畜牧业等要积极采取防霜冻、冰冻和大风措施,尽量减少损失。

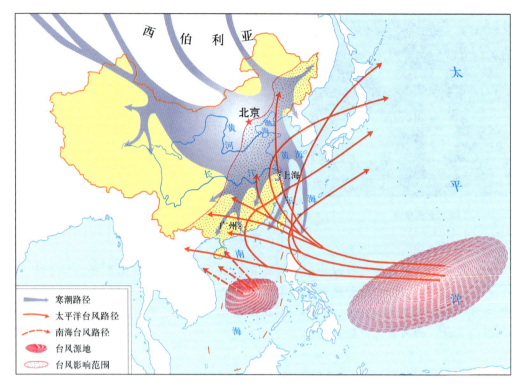

图 3.16 侵入我国的寒潮和台风路径

### 2008 年低温雨雪冰冻灾害袭击我国南方多省

2008 年 1 月底,受北方强冷空气影响,我国南方部分省市遭受寒潮袭击,先后出现四次大范围的低温和暴风雪天气,能源、交通、通信、城市公共设施等遭到极大破坏,并严重影响了春运,大批旅客被滞留在回家过年的路上。这次灾害性天气持续时间长、影响范围大、危害程度深,多数地区为五十年一遇,部分地区为百年一遇。

## 三、干旱

造成干旱的原因是多方面的,防御干旱要采取多种措施,因地制宜。干旱地区宜采用农林牧相结合的农业结构以改善农业生态环境,选择耐旱作物,开展农田水利基本建设,营造防护林,改进耕作制度等。

## 四、洪涝

洪涝是由于连续性的暴雨或短时间的大暴雨而形成的,它可以使国民经济和人民财产蒙受巨大损失。

我国是世界上暴雨较多的国家之一,除西部一些沙漠地区之外,其余地区均会有暴雨出现。但大暴雨和特大暴雨主要发生在南方和东部地区。因此,我国每年都有不同程度的暴雨洪涝灾害发生。

利用气象卫星对暴雨、洪水进行监测,对防御洪涝有巨大的作用。提高暴雨预报的准确率能有效地减轻洪涝灾害所造成的损失。防御洪涝,需要工程措施和非工程措施相结合进行。工程措施是指修筑堤坝,整治河道,修建水库,修建分洪区等;非工程措施是指洪泛区的土地管理,建立洪水预报警报系统,拟定居民的应急撤离计划和对策,动员居民参加防洪保险等。

## 活 动

分组选择一种气象灾害,查找这种气象灾害在我国最近一次发生的相关报道,制作PPT,向大家介绍这种气象灾害发生的原因、特点及影响。

测一测

# 第四节　大气环境保护

## 课 前 活 动

[世界热点]　　　　　　**全球第一个全国移民的国家**

图瓦卢是南太平洋上一个美丽的岛国。人口约 1.2 万人,面积 26 平方千米,由 9 个环形珊瑚岛组成。该岛经济以农业为主,渔业资源丰富。近年来,由于温室效应导致海平面上升,岛礁被淹,图瓦卢人被迫离开世代居住的家园,举国外迁新西兰。

讨论:什么是温室效应? 它对全球气候的影响有哪些?

自人类诞生的那一刻起,人类活动就影响和改变着大气环境。随着世界人口的不断增长,工农业生产的高速发展,人类活动对大气环境的影响越来越大。如今,各国政府和民众已清醒地认识到:只有加强全球合作,规划和控制人类各种影响大气环境的活动,才能保护好大气环境,我们才能呼吸到清新的空气。

马尔代夫的水下内阁会议

当前,全球变暖、臭氧层遭破坏和酸雨危害是国际社会最为关注的全球性大气环境问题。

## 一、全球变暖及应对措施

现在,人们经常感觉到,气候好像越来越温暖了,冬天不像以前那么冷了。气象观测也表明,19 世纪末以来,全球气候虽然有波动,但总的趋势是在变暖。近百年来,全球平均气温上升了 0.40～0.8 ℃(图3.17)。据有关专家预测,到 21 世纪末,全球平均气温可能会上升 1～6 ℃。

气候为什么会变暖? 科学家认为既有自然原因,也有人为原因。大气中的二氧化碳、甲烷等气体对大气具有保温作用,故有温室气体之称。人为排放的温室气体数量的

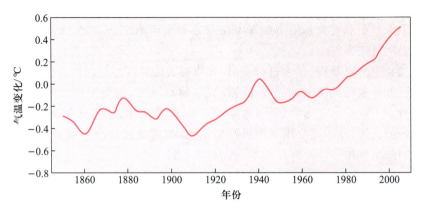

图 3.17　近百年来全球年平均气温的变化

增加很可能是导致全球气温升高的主要原因。伴随着人类大量燃烧煤、石油等矿物燃料、工厂排放废气等活动，大量的二氧化碳被排放到大气中；加之森林被大量砍伐，减少了森林对二氧化碳的吸收。根据实测资料，由于人类活动的影响，大气中二氧化碳的浓度在不断增加，而且增加的速度越来越快（图 3.18）。

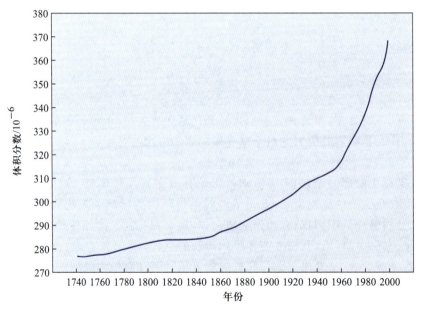

图 3.18　大气中二氧化碳浓度（体积分数）的增加

那么，如何控制二氧化碳的排放呢？"只要人人齐行动，大气环境更清新"。保护人类赖以生存的大气环境，是地球上每一位公民应尽的责任。当前，在提高能源利用率、使用清洁能源、减少温室气体排放量、植树造林等方面（图 3.19），世界各国正在进行共同的努力与国际间的合作，以保护人类赖以生存的大气圈层。

- 多使用清洁能源
- 减少浪费，减少废弃物排放，尽可能使用公共交通工具
- 植树种草　· 防止森林火灾

图 3.19　减少温室气体排放的途径

# 阅读

### 何为低碳生活?

21 世纪以来,全球气候变暖已成为世界瞩目的环境问题,从 2009 年 12 月哥本哈根气候大会试图建立一个温室气体排放的全球框架到 2020 年 9 月在联合国大会一般性辩论上提出的"碳达峰"和"碳中和",人类一直在推进应对全球气候变暖的方案。虽然世界各国仍就减排问题进行艰苦的角力,但"低碳"这个概念得到了广泛的认同。

低碳,英文为"low carbon",意为较低(更低)的温室气体(二氧化碳为主)的排放。"低碳生活"作为一种低能量、低消耗、低开支的生活方式逐渐兴起,潜移默化地改变着人们的生活。

低碳并不意味着要刻意去节俭、刻意去放弃一些生活的享受,它代表着更健康、更自然、更安全的生活,返璞归真地进行人与自然的活动。低碳生活主要是从节电、节气和回收三个环节来改变生活细节,其核心内容是低污染、低消耗、低排放和多节约。只要你能从生活的点点滴滴做到多节约、不浪费,同样也能过上舒适的低碳生活。

"低碳生活"虽然是新概念,但解决的却是世界可持续发展的老问题,它反映了人类因气候变化而对未来产生的担忧。对于普通人来说,它是一种生活态度,更是关系到人类未来的战略选择。低碳生活,节能环保,有利于减缓全球气候变暖和环境恶化的速度。减少二氧化碳排放,选择低碳生活,是每位公民应承担的责任,也是应尽的义务。

全球各国燃油汽车退出时间表

## 二、臭氧层的破坏与保护

大气平流层中的臭氧层被誉为"地球生命的保护伞",这是因为它能够大量吸收太阳紫外线辐射,使地球上的万物生灵免受过多紫外线辐射的伤害。

随着人类活动的增强,全球臭氧总量明显减少,南极上空的臭氧量减少得尤为严重,甚至出现了"南极臭氧空洞"。

科学家认为,破坏臭氧层的"元凶"是人类活动排放到大气中的氟氯烃。氟氯烃进入平流层后,通过光化学反应会大量消耗臭氧,导致平流层臭氧总量逐步减少。

## 阅读

### "氟利昂"的危害

氟利昂是氟氯烃的商品名。它是一种性能优良的制冷剂。氟利昂化学性质稳定，不具有可燃性和毒性，被当作制冷剂、发泡剂和清洗剂，广泛用于制造冰箱、空调等家用电器和泡沫塑料、日用化学品、汽车、消防器材等。但是，氟利昂却是破坏臭氧层的物质，氟利昂在大气中的平均寿命可达数百年，所以人类排放的大部分氟利昂仍残留在大气层中，其中大部分仍然停留在对流层，一小部分升入平流层。在对流层相当稳定的氟利昂，在上升进入平流层后，在一定的气象条件下，会在强烈紫外线的作用下被分解，分解释放出氯原子同臭氧会发生连锁反应，不断破坏臭氧分子。科学家估计，一个氯原子可以破坏数万个臭氧分子。

据研究，大气中的臭氧含量每减少1％，到达地面的紫外线辐射就增加2％。臭氧层一旦遭到破坏，射向地面的过多的紫外线辐射会损害人体的免疫力，增加皮肤癌的发病率，并危及地球上其他生物的生存，从而给人类的身体健康和全球的生态环境带来极大的危害。

保护臭氧层，必须全球参与，共同行动。国际社会经多次召开会议，最终达成了对保护臭氧层重要性的一致看法：要求各国减少并逐步禁止氟氯烃等消耗臭氧层物质的排放。1985年，由20多个国家发起并签署了《保护臭氧层维也纳公约》。1987年9月16日，24个国家签署了《关于消耗臭氧层物质的蒙特利尔议定书》，为逐步淘汰消耗臭氧层物质设定了具体可执行的任务，目前，已有190余国家签署了该议定书。

在全球各国的努力下，氟氯烃以及其他消耗臭氧层物质的生产和消费已被减少近70％。自2000年以来，臭氧层空洞面积也在逐渐缩小。

## 三、酸雨危害与防治

酸雨是指酸性的自然降水，包括酸性雨、雪、雾、露的沉降，通常是指 pH 小于 5.6 的大气降水。酸雨是大气污染的一种表现。

酸雨主要是由于人类燃烧煤、石油、天然气等，人为大量向大气中排放硫氧化物和氮氧化物等酸性气体所致（图 3.20）。

图 3.20　酸雨的产生

　　酸雨有"空中死神"之称,它的危害是多方面的。酸雨使土壤、河湖水酸化,危害植物及农作物生长,影响鱼类繁殖。野外调查表明,在降水 pH 小于 4.5 的地区,马尾松、华山松、冷杉等出现大量黄叶并脱落,森林成片衰亡。酸雨还会腐蚀建筑物和文物古迹,使其遭受破坏。印度著名的泰姬陵,由于酸雨的腐蚀,其大理石失去了光泽,乳白色的外观逐渐泛黄,有的变成了黄色。酸雨也会危及人体健康,它可使儿童的免疫功能下降,慢性咽炎、支气管哮喘、眼疾等的患病率增加。

　　大气无国界,防治酸雨是一个国际性的环境保护问题,各国必须共同行动、采取对策,其中最根本的途径是减少人为硫氧化物和氮氧化物的排放。同时,通过净化回收装置,回收利用硫和氮。

### "满面沧桑"的乐山大佛

　　四川省乐山大佛是我国仅有的 4 个世界自然与文化双遗产之一,是中华民族文化与艺术的瑰宝,体现了古老中国五千年璀璨的文明。但是,由于受环境侵蚀严重,大佛身体受到严重的损坏(图 3.21)。专家认为,乐山大佛之所以"满面沧桑",罪魁祸首是酸雨与风化作用。乐山大佛虽然经过多次维修,但是效果不佳。

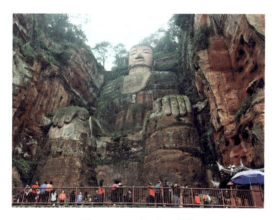

图 3.21　四川乐山大佛

## 阅读材料　"风"——幼儿园科学教育主题活动示范

　　风、雨、雷、闪电等各种自然现象,与地球大气有密切的关系,也是幼儿园科学教育活动主要的内容之一。现展示以"风"为主题的幼儿园科学教育活动部分形式,供同学们学习、参考。

　　1. 造风游戏一,感知空气流动形成风。

　　(1)用身体造风,请幼儿想出用身体各部位造风的方法,并让小旗飘起来。

游戏:调皮的风①(游戏作者:侯永芹)

(2)请幼儿用各种材料造风。

2.造风游戏二,感知风的大小和方向

(1)请幼儿按教师指令造出大小不同的风,学会控制自己的力量。

(2)请幼儿按教师指令造出不同风向的风,感知风向的变化。

3.纸盒移动游戏

(1)请幼儿用纸板扇动小纸盒前行。

(2)探索小纸盒前行时风向与风力的影响。

(3)探索如何让大纸盒移动。

风②(儿歌;作者:江全章)

春天里,东风多,吹来燕子做新窝。

夏天里,南风多,吹得太阳像盆火。

秋天里,西风多,吹熟庄稼吹熟果。

冬天里,北风多,吹得雪花纷纷落。

风在哪里③(散文;作者:徐青山)

风在哪里?风在天上。你看,它吹着云儿向前跑,像帆船驶在海上。

风在哪里?风在柳树上。你看,它吹着柳条轻轻飘,像孩子们在跳舞。

风在哪里?风在水面上。你看,它吹起粼粼波浪,水上的浮萍在不停地摇晃。

风在哪里?风在我的手上。我挥动空气,风就来了。

## 【本章小结】

大气是构成地球环境的重要组成部分。它直接或间接地为人类提供了多方面的生存环境和资源环境,对人类的生活、生产有很大的影响和制约作用。

气候变暖已成为全球性的大气环境问题。面对大气环境问题,人们开始提倡环保、健康的低碳生活方式,以实际行动减少对大气环境的影响,把蓝天、白云留给我们自己和子孙后代。

## 【参考文献】

[1] 广东省教学教材研究室.高中地理学习辅导人教版必修1[M].广州:广东教育出版社,2005.

[2] 任志鸿.高中新教材优秀教案:高一地理(上册)[M].海南:南方出版社,2002.

[3] 课程教材研究所/地理课程教材研究中心.普通高中教科书地理必修第一册

---

① 董旭花.幼儿园优秀科学活动设计88例[M].北京:中国轻工业出版社,2013.

② 人民教育出版社中学语文室.幼儿文学作品选读[M].北京:人民教育出版社,2006:25.

③ 同上,第358页。

［M］.北京:人民教育出版社,2019.

　　［4］王民.普通高中教科书地理必修第一册［M］.北京:中国地图出版社,2019.

　　［5］课程教材研究所/地理课程教材研究中心.普通高中教科书:地理教师教学用书(必修第一册)［M］.北京:人民教育出版社,2019.

　　［6］张翔升.学前儿童科学教育［M］.西安:陕西师范大学出版总社,2018.

# 第四章　地球上的水

　　有人说人类居住的地球应该称作"水球"，你知道为什么吗？当人造地球卫星升上太空后，人们才第一次看到地球的真实模样：这是一个蓝色的星球，其表面约 7/10 覆盖着水，所以有"水的行星"之称。水是地球上分布最广泛、最重要的物质之一，水不仅是生命的源泉，也是地理环境中最活跃的因素。正因为有了水，地球上才充满了生机，人类才得以发展。

## 【学习目标】

　　通过对本章的学习，应实现以下目标：

1. 了解自然界水循环的运动过程。
2. 理解水循环对自然地理环境的影响。
3. 了解海水的运动与特征及其影响。
4. 了解海洋资源的类型及开发利用潜力。
5. 了解人类对水资源的开发和利用现状。

## 第一节　自然界的水循环

### 课 前 活 动

[科学小实验]　　**为什么冬天玻璃窗上会有冰花?**

在寒冷的冬天,如果我们细心观察,就会看见玻璃窗上有形状各异的"冰花"(图4.1)。请同学们尝试着做些冰花,看谁做得最漂亮。

实验器材准备:热水适量、玻璃杯、各种不同的玻璃片。

实验步骤:

(1) 把热水倒入玻璃杯中,注意不要烫伤手;

(2) 将玻璃片放在热水杯上方,让玻璃片沾上水蒸气;

图4.1　冰花

(3) 立即把沾有水蒸气的玻璃片放入冰箱的冷冻室里;

(4) 几分钟后,把玻璃拿出来,你会发现玻璃上结了一层冰,并且有类似冰花的花纹;用不同的玻璃片进行此实验,观察所形成的各种冰花。

讨论:冰花到底是什么? 它是怎样形成的呢?

### 一、相互联系的水体

地理环境中的水以气态、液态和固态三种形式相互转化,形成各种水体,共同构成了一个连续但不规则的圈层——水圈。水圈的质量虽只占地球质量的万分之四,但在人类赖以生存的地理环境中起着非常重要的作用。

相互联系的水体

水圈中的水体包括海洋水、陆地水和大气水。其中海洋水占全球水储量的96.53%;陆地水包括江河水、湖泊水、沼泽水、地下水、冰川水和生物水等,水量只占全球水储量的3.47%,但在自然环境中起着十分重要的作用,它供应了人类生产和生活所需的主要淡水;大气水占比极少,但分布最广。

从水的运动和更新的角度看,陆地上的各种水体之间具有水源相互补给的关系(图4.2)。从陆地水体的水源补给看,大气降水是最主要的补给来源。不过河流靠单一补给的很少,往往是多种水源补给。我国大多数河流主要靠降水补给,河流流量变化与降水量变化一致,具有明显的季节和年际变化特

图4.2　陆地上的水体及其相互关系

征。而在我国西北地区的一些河流,受冰川融水补给作用明显,河流径流量变化与气温变化有密切的关系。

地下潜水

其实,河流水、湖泊水和地下水之间,依据水位、流量的动态变化,同样具有水源互相补给的关系。当河流水位高于湖面或地下潜水面时,河流水补给湖泊水或地下潜水;当河流水位低于湖面或地下潜水面时,湖泊水或地下潜水补给河流。湖泊对河流径流还起着调蓄作用,在洪水期蓄积部分洪水,可以延缓、削减河川洪峰。修建水库更是可以起到人工拦蓄洪水,并按人们需要来调节河川径流变化的作用。

## 思考

1. 图 4.2 中河流补给可能有哪几种水体?

2. 我国西北地区某条小河,晴天水多,阴天水少;上午水量少,中午水量多。这是为什么?

案 1 例

### 趵 突 泉

济南趵突泉有"天下第一泉"的美誉(图 4.3)。济南市位于山区和平原的交界线上,泉水来源于南部的千佛山,该山山体由石灰岩组成,以大约 30° 的倾角由南向北倾斜,岩石颗粒排列不紧密,大气降水渗漏地下并顺岩层倾斜方向北流,至城区遇岩浆岩体阻挡,被拦阻的大量地下水凭着强大的压力,从地下的裂隙中涌上地面,就形成了泉水,趵突泉就是其中最著名的一个。

济南市为温带季风气候,趵突泉的水位和流量与降水量的多少和季节分配有直接关系。一般规律是降水量多,泉水的流

图 4.3 趵突泉

量大,水位高;反之,则相反。但大气降水对泉水动态变化所起的主导作用,是在人工开采地下水量不超过泉水流量的情况下进行的。如果开采量大于泉水流量,那么雨量因素则处于次要地位。开采地下水量的多少,直接影响泉水的动态变化。随着济南市近年来"保泉"措施力度的不断加大,趵突泉"趵突腾空"景观必将再现。

## 活动

阅读上面图文,分析:

1. 在趵突泉附近还有几十处泉水,它们形成的原因是什么?

2. 要确保趵突泉泉水长流可以采取哪些措施?

### 二、水循环的过程和意义

水循环是指自然界的水在水圈、大气圈、岩石圈和生物圈四大圈层中通过各个环节连续运动的过程(图 4.4)。水循环是一个复杂的过程,时时刻刻在全球范围内进行着。按其发生的空间范围不同,水循环分为:海陆间循环、陆地内循环和海上内循环。

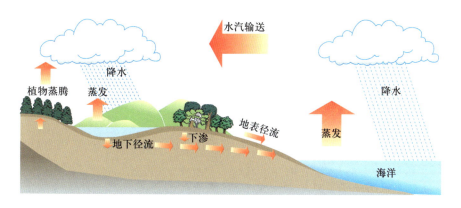

水循环

图 4.4　水循环示意图

海陆间循环发生的领域在海洋和陆地之间,这是最重要的一种循环运动。海洋表面在太阳辐射作用下大量蒸发,形成水汽;水汽上升到空中随气流运行,被输送到陆地上空,部分水汽在适当条件下凝结,形成降水;降落到地面的水,或沿地面流动形成地表径流,或渗入地下形成地下径流;二者汇入江河,最后又回到海洋。海陆间循环使陆地水不断地得到补充和更新,水资源得以再生。

陆地内循环是指陆地水中的一部分或全部(内流区域)通过地面、水面蒸发和植物蒸腾形成水汽,被气流带到陆地上空,冷却凝结形成降水,仍降落到陆地上的循环过程。陆地内循环对水资源更新也具有一定作用,不过,由它补给陆地上水体的水量为数很少。

海上内循环是指海洋表面蒸发的水汽,大部分在海洋上空凝结,形成降水,又降落到海面的循环过程。海上内循环水量巨大,但对水资源更新的意义不大。

 **思考**

1. 依据图 4.4 分析"黄河之水天上来,奔流到海不复回",这句话违背了什么原理?
2. 驱动水循环的能量主要是什么?

由上可知,水在常温条件下的三态变化是水循环的内因;太阳辐射和水的重力为水循环提供了能量和动力,是水循环的外因。地球上各种水体通过蒸发(包括植物蒸腾)、水汽输送、降水、下渗、地表径流和地下径流等环节,实现了水圈、大气圈、岩石圈和生物圈的有机联系,使地球上的各种水体处于不断更新的状态,从而维持了全球水的动态平衡。

尽管海陆间循环可以使陆地水不断得到补充、更新,但是在一定的空间和时间内,水资源仍然是有限的。如果人类用水量超过了水循环更新的数量,或者由于利用不当造成水资源的污染,就会导致水资源的枯竭。

水循环是自然界中最活跃的物质循环。它对地表太阳辐射能起着吸收、转化和传输的作用,缓解了不同纬度热量收支不平衡的矛盾。水循环又是海陆间联系的主要纽带,陆地径流不断溶解和带走地表物质,向海洋输送大量的泥沙、有机盐和无机盐类。水循环还影响着全球的气候和生态,并且使水成为自然界最富动力作用的因子,不断塑造着地表形态。因为有了水的存在,我们生活的星球才会变得如此生机勃勃。

 **活动**

[小实验]　　　　　　　　　　**模拟水循环**

实验材料:

冰箱中冷冻一夜后的小石头、塑料薄膜、装干沙子的小盆、水、橡皮筋、透明平底器皿。

实验步骤:

(1) 在一个透明平底器皿中加少量的水,盖满底部即可。把一个装有沙子的小盆放在水中央。

(2) 用一块塑料薄膜盖在器皿上,并用橡皮筋扎紧。把足够冷的小石头放在塑料薄膜上,压住塑料薄膜,注意小石头要放在装沙小盆的正上方。

(3) 把器皿放在阳光下,过 1 小时后,观察平底器皿内和塑料薄膜有什么变化。

测一测

 **思考**

1. 该实验模拟了水循环的哪些环节?

2. 在目前的技术条件下,人类能够干预水循环的哪些环节?

# 第二节　海水的运动

 **课前活动**

[案例分析]　　　　　　　　　　**漂流瓶的故事**

在希腊有一个古老的传说:如果将自己的心愿写在纸上,装进透明的玻璃瓶,放入大海。瓶子载着心愿随波逐流地漂向远方,看到的人越多,心愿实现的可能性就越大。后来,人们就称这样的瓶子叫漂流瓶(图 4.5)。

有时候漂流瓶会在许多年后,在万里之外的海滨被人发现。

讨论:漂流瓶是凭借什么进行长途旅行的呢?

图 4.5　漂流瓶

# 一、海水的运动形式

广阔无垠的海洋,从海面到海洋内部永远都处在运动之中。波浪、潮汐和洋流是其运动的主要表现形式。

图 4.6　波浪

海洋知识

## 1. 波浪

最常见的波浪是由风力形成的(图 4.6),风速越大,波浪规模越大,所具有的能量越多。人们在海滨和海上活动需要密切关注海浪预报,选择适宜活动的海浪条件。例如捕捞、航行等海上活动应避开大的海浪,而冲浪运动则需较高的浪高来增加挑战性。

由海底地震、火山爆发或海底滑坡引起的巨浪,称为海啸。风暴潮是指在强风作用下,近岸地区海面水位异常升降的现象。海啸和风暴潮能量巨大,能毁坏沿岸建筑、夷平村庄,破坏力极大。

## 2. 潮汐

潮汐是海水在月球和太阳引力作用下发生的周期性涨落现象。一天中,通常可以观察到海水的两次涨落。古人将白天的海水涨落称为潮,夜晚的海水涨落称为汐。农历每月的初一和十五前后,潮汐现象最为明显。沿海各地,每日潮涨潮落的时间准确、可查。人们在海边养殖和采集、港口建设和航运等,都要充分考虑当地的潮汐规律。

潮汐

## 钱塘江大潮

钱塘江位于我国浙江省,向东注入东海,在入海口形成钱塘潮。从杭州湾至钱塘江口状似喇叭形,溯江而上,河道越来越窄,在海宁附近河道急剧收缩(图 4.7)。涨潮时,大量海水涌入狭窄河道,后浪与前浪层层叠加,水位暴涨,尤其农历的初一和十五前后,潮位更甚。

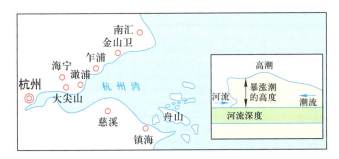

图 4.7　钱塘潮图

每年中秋节前后，海水上涨势头猛烈，又逢东南风盛行，江水东流与大潮西进相遇，风助潮涌，潮借风威，于是就形成了"壮观天下无"的钱塘江大潮。每年农历八月十八前后，浙江海宁一带会吸引众多游客前来观看这一天下奇观。

### 3. 洋流

海洋表层海水，常年比较稳定地沿着一定方向作大规模的流动，形成洋流。按其性质，可将洋流分为暖流和寒流。从水温高的海区流向水温低的海区的洋流，叫作暖流；从水温低的海区流向水温高的海区的洋流，叫作寒流。

大气运动和近地面风带，是海洋水体运动的主要动力。洋流的形成，往往受到多个因素的综合影响。世界洋流的分布虽然复杂，但还是有规律的。全球洋流模式表现为以副热带和副极地为中心的大洋环流（图 4.8）；南北纬 40°附近海域形成环球性西风漂流。

洋流的分布规律

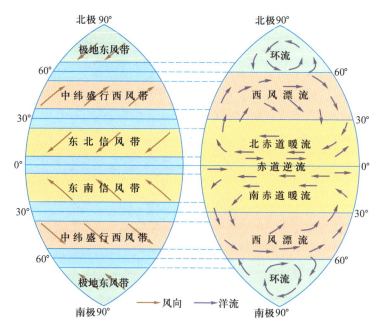

图 4.8　全球风带（左）与洋流模式（右）的比较

### 阅读

在赤道两侧的东北信风和东南信风驱动下，赤道南北两侧海水由东向西流动，形成南、北赤道暖流。赤道暖流到达大洋西岸时，受到陆地阻挡，其中一部分向东折回，形成赤道逆流，大部分沿海岸向中纬度海域流去，到达中纬度海域后，受西风作用，海水向东流动，形成西风漂流（如北太平洋暖流、北大西洋暖流、南半球的西风漂流）。在北半球当西风漂流到达大洋东岸时，一部分沿大陆西岸折向低纬，补偿赤道洋流，形成环流；另一部分沿大陆西岸流向高纬海区，形成极地环流。

北印度洋海区与太平洋、大西洋洋流模式不同。因为北印度洋海区面积小，受季风影响,形成季风洋流。

**思考**

依据图 4.9,分析回答问题:

1. 南、北半球中低纬度海区的大洋环流,洋流运动方向有什么差异?

2. 南、北半球中高纬海区,洋流运动有什么不同?为什么?

3. 假如要使一个漂流瓶由北美沿岸漂流到亚洲沿岸,漂流瓶应在哪里投放?简述其可能的漂流路径。

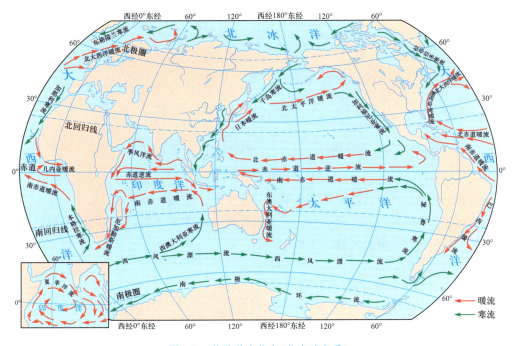

图 4.9 世界洋流分布(北半球冬季)

## 二、洋流对地理环境的影响

全球大洋环流可以促进高、低纬度间热量和水分的输送和交换,调节全球热量平衡和水分平衡。洋流还对流经海区的沿岸气候、海洋生物分布和渔业生产、航海等产生影响,对人类文明进程和生产生活有着重要的贡献。

### 1. 洋流对气候的影响

洋流对大陆沿岸气候影响很大。暖流把暖水从较低纬地区带到较高纬地区,对沿岸气候起增温增湿的作用,例如,日本暖流给日本的南部带来了温暖多雨的气候。寒流对沿岸气候有降温减湿的作用,例如,澳大利亚西海岸和秘鲁太平洋沿岸荒漠环境的形成,其附近的沿岸寒流起到了重要作用。

### 洋流与沿岸气候

北大西洋暖流是世界上最强大的暖流之一（图 4.10）。从佛罗里达海峡流出的水量每小时达 900 亿吨，相当于大陆总径流量的 20 多倍。暖流将热量源源不断地输往欧洲西北部，使得 55°N～70°N 的大西洋东岸最冷月平均气温比西岸高 16～20℃，两岸的自然景观截然不同，西岸的拉布拉多半岛北部呈现苔原景观，东岸却呈现森林景观。

图 4.10　洋流的气候效应

俄罗斯北冰洋沿岸的摩尔曼斯克港位于北极圈以内，却终年不冻；而其太平洋沿岸的符拉迪沃斯托克港位于 43°N 附近，却有长达近半年的结冰期，这主要是二者分别受到北大西洋暖流和千岛寒流的影响所致。

#### 2. 洋流对海洋生物资源的影响

洋流对海洋生物资源和渔场的分布有显著的影响。在寒暖流交汇和存在上升流海区，海水受到扰动，把下层丰富的营养盐类带到表层，使浮游生物大量繁殖，为鱼类提供饵料，易形成较大的渔场，例如北美的纽芬兰渔场、日本的北海道渔场、欧洲的北海渔场以及南美的秘鲁渔场。

### 舟山渔场

我国海洋渔场在世界渔业中占据重要地位，黄渤海渔场、舟山渔场（图 4.11）、南海沿岸渔场和北部湾渔场是我国的四大渔场，其中以舟山渔场最大。舟山渔场位于我国东海温带海域，以大黄鱼、小黄鱼、带鱼和乌贼四大海产鱼为主要渔产。

舟山渔场地处长江、钱塘江入海口，大陆江河径流源源不断地注入，为渔场带来大量浮游生物；东海大陆架广阔，光照、养分充足；并有暖流和沿岸冷水流在此交汇，使水流搅动，养分上浮，利于鱼类的生长。舟山渔场位置适中，还是多种鱼类洄游的必经之

图 4.11　舟山渔场

地。但由于长期的过度捕捞,舟山渔场的渔业资源遭受了严重的破坏。从 1995 年以来,舟山渔场开始实施伏季休渔制度,以促进渔业持续发展。

　　除了捕捞外,我国在近岸沿海滩涂发展了大规模的养殖业,如对虾、海带、紫菜等,这样可以极大地提高海洋生物的成活率,增加海区的资源量。

我国的禁渔令

### 3. 洋流对航行事业的影响

　　洋流对海洋航行也有影响。海轮顺着洋流航行,比逆着洋流航行要快得多,并节省燃料。寒暖流相遇,容易形成海雾,影响海上航行。

　　此外,洋流还可以把近海的污染物携带到其他海域,有利于近海污染物的扩散稀释和净化,但同时也使污染范围扩大。

 **活动**

　　图 4.12 所示为哥伦布两次到美洲的路线和所用的时间。

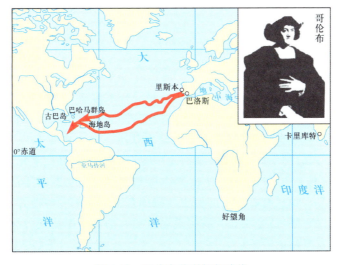

图 4.12　哥伦布美洲航行路线

哥伦布第一次去美洲时,向西横渡大西洋,经过 37 天发现了美洲新大陆。第二次去,绕了一个大圈,是顺着西班牙和北非西海岸南下,接近赤道时才向西横渡大西洋,却只花了 20 天。

请思考:哥伦布第二次去美洲时,绕了一个大圈,时间却比第一次少用 17 天,这究竟是怎么回事呢?

测一测

## R 阅读

### 诺曼底登陆

诺曼底登陆是第二次世界大战中的关键战役。1944 年,盟军在英国集结,计划在夜间横跨英吉利海峡,登陆法国诺曼底地区。但确定登陆的具体日期和时刻,是一个复杂的协同问题。此次登陆涉及多兵种的合作,陆军登陆要求在海水水位最高时行动,减少部队暴露在海滩上的时间;海军要求在海水水位最低时行动,便于爆破队破坏德军在海岸带布置的障碍物,保护登陆舰安全靠岸;空军要求有月光,便于空降部队识别地面目标。

在综合考虑天气、海况等因素后,利用潮汐规律,盟军指挥部最终把登陆时间选择在潮汐现象明显的月圆之夜 6 月 6 日(农历闰四月十六)登陆。这一天,太阳和月亮的引潮力最大,潮水涨得最高,落得最低。诺曼底登陆,成功开辟了欧洲大陆的第二战场。

## 第三节　海洋资源与人类

海洋中有丰富的资源。海洋交通运输、海产养殖、石油开采、填海造陆等产业活动,让人类获得了丰厚的回报。现在越来越多的高新技术应用于海洋开发,海洋对人类的生存和发展至关重要。

### 一、海洋为人类提供丰富的资源

#### 1. 海洋化学资源

海洋水是地球水圈的主体水体,海水是一种混合水溶液,主要由水、无机盐、有机盐和悬浮物质组成。随着科技的发展和观念的改变,海水也成为淡水资源的重要补充,一些沿海国家和地区将海水淡化,以缓解当地缺水状况。海水中含有许多对人类有利用价值的化学物质,人们利用海水制碱,从海水中提取镁、溴、碘等化学元素。

海水是盐的"故乡",海水中含有盐类物质数量巨大,世界海洋的平均盐度约为 35‰。人类利用海水晒盐有着悠久的历史。我国东部沿海的一些地方,海滩宽广,晴天多,日照充足,蒸发旺盛,适合晒盐。我国著名盐场有渤海沿岸的长芦盐场、台湾的布袋盐场和海南的莺歌海盐场等。

#### 2. 海洋生物资源

海洋生物种类众多,有 20 多万种生物,有鱼、虾、贝、藻等生物资源(图 4.13),为人类提供了丰富多样的食品、生活用品和工业原料。现在,人类通过伏季休渔和增殖放流等方法,建立海洋牧场,用来栽培海带、紫菜等,养殖鱼、虾、蟹和贝类,这被形象地称为耕海牧渔。

中国的海洋资源

人类的海洋捕捞活动已从近海扩展到世界各个海域。海洋表层是海洋生物的主要集聚地,深度越深,海洋生物的数量和种类越少。不同纬度的海水表层生活着不同类型的海洋生物。海洋渔业资源主要集中在沿海大陆架海域。这里阳光集中,入海河流带来丰富的营养盐类。世界主要渔业国都分布在温带地区。

图 4.13　海洋生物资源

#### 3. 海底矿产和海洋能源

在近岸带的海滨沙矿中,富集着沙、贝壳等建筑材料和金属矿产。在大陆架浅海海底,埋藏着丰富的石油、天然气以及煤、硫等矿产资源。在多数海盆中,广泛分布着深海锰结核,它们是未来可利用的潜力最大的金属矿产资源。可燃冰分布于深海沉积物中,是由天然气与水在高压低温状态下形成的类冰状的结晶物质。

海洋石油资源储量约占全球石油资源总储量的 34%,海底油气的开发经历了从近海到远海、从浅海到深海的过程。我国沿海的大陆架上,蕴藏着相当丰富的石油和天然气,主要分布在渤海、南黄海、东海以及北部湾等大陆架海域。海上钻井平台是实施海底油气勘探和开采的工作基地,它标志着海底油气开发技术的新水平(图 4.14)。

图 4.14　海上钻井平台

海水运动中能够产生巨大的能量,如潮汐能、波浪能、洋流能等,它们属于可再生能源,而且没有污染,但不足的是能量密度小,开发费用高,技术难度大。现在,具有商业开发价值的是潮汐发电和波浪发电。

#### 4. 海洋空间资源

海洋可利用空间包括海上、海中和海底三部分。海洋空间资源的利用包括:海上运输空间,如传统的海洋运输和港口建设,现代化的跨海大桥、海底隧道、海上机场等;海上生产空间,如海上工厂和人工岛等;还有海底通信、电力输送、储藏、文化娱乐等方面。

沿海地区人地矛盾激化,使人们将眼光投向大海。围海造陆是缓解人多地少的重要途径。填海造陆是把原有海域通过人工技术转变为陆地的开发利用方式。世界上一些发达国家如日本、美国、荷兰等都已建造人工岛。我国澳门 100 多年来,用填海造陆的办法使土地面积扩大了 1 倍。

## 二、人类对海洋环境的影响

人类活动诸如捕捞、养殖、生物栖息地改造、工农业生产和人类活动造成的污染等，都会直接或间接地对海洋产生影响。海洋环境问题是困扰人类发展的重大问题。

### 1. 海洋环境问题

海洋污染物绝大部分来源于陆地上的生产过程，污染物包括污水、营养物质、合成的有机化合物、垃圾和塑料、重金属、放射性物质等。污染物进入海洋，污染海洋环境，危害海洋生物，甚至危及人类的健康（图4.15）。

此外，由意外事故造成的石油泄漏，污染迹象明显，污染物集中，危害严重，因而备受公众的关注，也是目前治理污染的重点。

图 4.15　被原油污染的海鸟

测一测

### 2. 海洋环境保护

海洋是地球上富饶而远未得到开发的资源宝库，保护海洋环境，维护各国海洋权益，已成为当今世界关注的热点。要解决海洋环境问题，切实保护海洋环境，宏观上需要更新技术，增强海洋观念和环保意识，加强立法，严格管理，这样才能确保对海洋资源的可持续利用，以及人类的可持续发展。

## 阅读

### 海 洋 权 益

海洋权益是国家在海洋中享有的各种权力和利益的总称。一国可主张海洋权益的范围包括本国的内水和领海，还包括在毗连区、专属经济区、大陆架等的主权权力和管辖权。1994年生效的《联合国海洋法公约》规定，整个海洋可划分为内水、领海、毗连区、专属经济区、大陆架、公海等海域。我国是海洋大国，近海海域包括渤海、黄海、东海、台湾岛以东的太平洋海域、南海。海岸基线与海岸间为内水（内海），渤海和琼州海峡为我国的内海；海岸基线向外12海里为领海，领海往外12海里叫毗连区，毗连区往外200海里为专属经济区，以上皆属于一个国家的海洋国土。我国的大陆架为我国陆地在领海以外的全部自然延伸，其中，领海与内海同为我国领土的组成部分，我国对其水域及其上空、海床、底土拥有主权。

我国管辖的海域面积约为300万平方千米。"21世纪海上丝绸之路"建设为海洋的开发与利用注入强大动力，海洋相关产业的发展将带动海洋经济的发展，成为新的经济增长点。

讨论：作为一个公民，我们为什么要关注国家海洋权益？

# 第四节　水资源的合理利用

 **课 前 活 动**

[世界热点]　　　　　　　　　世 界 水 日

第 47 届联合国大会决定,自 1993 年起,确定每年的 3 月 22 日为"世界水日"(图4.16),以推动对水资源的统筹规划和管理,加强水资源保护,解决日益严重的水污染问题,并开展宣传教育以提高公众的节水意识。

下面是自 2017 年以来世界水日的主题:

2017 年　Wastewater(废水)

2018 年　Nature for Water(借自然之力,护绿水青山)

2019 年　Leaving No One Behind(不让任何一个人掉队)

2020 年　Water and Climate Change(水与气候变化)

2021 年　Valuing Water(珍惜水、爱护水)

讨论:假如让你为下一年的世界水日确定主题,你会提出哪些建议?

图 4.16　世界水日

## 一、水资源及其分布

广义来说,水资源包括水圈内的所有水体,即地球上所有的淡水和咸水。但海水是咸水,约占全球总水量的 96.53%,不能直接利用。所以通常所说的水资源主要是指陆地上可以被人们利用的淡水资源。目前,人类比较容易开发利用的淡水资源,主要是河流水、淡水湖泊水和浅层地下水,水量还不到全球水体总量的 1%(图 4.17)。

水资源

水圈总水量约138 600万立方千米

地球淡水总量
3 500万立方千米

目前可利用的淡水约
10.5万立方千米

图 4.17　可利用水体的比例

水资源很有限,且不能通过自然循环得以"再生",其恢复能力与调节能力的大小取决于当地的气候、地形与地质条件。人类无法找到水资源的替代品,这是水资源区别于其他自然资源的一个显著特性。

### 陆地水的更新

人们根据水体的更新循环周期,把水资源分为静态水资源和动态水资源。静态水资源主要是冰川、深层地下水和内陆湖泊。冰川是地球上淡水的主体,储水量约占全球淡水总储量的2/3,主要分布在两极和高山地区(图4.18)。冰川和深层地下水的交替周期分别长达1 600年和1 400年,更新缓慢,一旦被开发利用,短期内不易恢复,并会影响到后续的利用。动态水资源主要是由大气降水形成的地表水和浅层地下水,虽然河槽蓄水量很小,但河流水平均每16天多就可更换一次,交替周期短,利用后短期即可恢复。因此,动态水资源是人们开发利用的重点。

图4.18 南极冰山

 **活 动**

结合"陆地水的更新",分析:

1. 水资源是可以永续利用,而且是"取之不尽,用之不竭"的吗?

2. 假如我们将南极的冰山大量运往热带地区以解决那里的淡水资源短缺问题,将会对全球的环境产生怎样的影响?

人们通常以多年平均径流总量为指标来衡量一个国家或地区水资源的多少。一个地区径流量的多少取决于降水量与蒸发量之比,降水量扣除蒸发量即为径流量。从水循环的角度看,降水量大于蒸发量,水循环活跃的地区,水资源丰富;反之,水资源则贫乏。从全球来看,水资源分布具有明显的地区差异,形成这种差异的根本原因是降水量的空间分布不均匀。各大洲按多年平均径流总量由多到少的排序是:亚洲、南美洲、北美洲、非洲、欧洲、大洋洲(图 4.19)。在全球 200 多个国家和地区中,巴西水资源最丰富,俄罗斯次之,我国多年平均径流量为 27 000 亿立方米,居世界第六位。

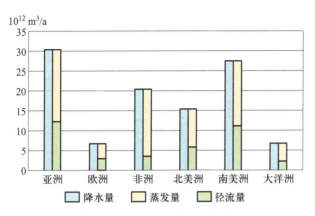

图 4.19  世界各大洲的水资源

## 案 6 例

### 中国水资源的现状

我国水资源的总量不少,但人均占有量很低,约为世界人均水量的 1/4。我国水资源在地区分布上具有显著的不均衡性,具体表现为"东多西少,南多北少"的特点。我国长江流域降水丰沛,水资源约占全国总量的 1/3,耕地面积占全国的 1/4,人均水资源占有量超过全国平均水平;北方地区人口超过全国的 40%,耕地面积占全国的 60%,但水资源不足全国总量的 20%,西北干旱地区缺水尤为严重。黄河、海河、淮河流域的耕地占全国耕地的 38%以上,且人口稠密,城市较多,工业发达,需水量大,而水资源只占全国的 6%,用水十分紧张,特别是华北地区缺水尤为严重。

我国水资源在时间分配上具有夏秋多、冬春少,年际变化大的特点。我国河流径流年内季节分配不均,年际波动明显,容易造成干旱或洪涝灾害频繁,使农业生产不稳定,也制约着人口的分布和经济的发展,还带来许多生态问题。

 **活 动**

读图 4.20,结合我国水资源的现状分析:

1. 我国水资源在地区分布上有什么特点?

2. 我国水资源在时间分配上不均衡,为什么?

3. 中国最缺水的地区是不是在西部降水最少的地方? 为什么?

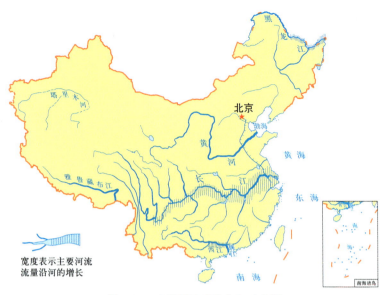

图 4.20 中国河流流量分布示意图

## 二、水资源与人类生活

水是地球上最常见的物质,江、河、湖、海中有水,地下和大气中也有水。水在生命演化中起着非常重要的作用,可以说,水是生命之源,人体中,水占体重的 70%,水是维持生命必不可少的物质。

人类很早就认识到水比黄金还珍贵,所以,水在中国古代被列为五行之一。俗话说"一方水土养一方人",水与空气、食品并列成为维持人类生命和健康的三大要素。水质的好坏直接影响着人体的健康状况。如果水中缺少人体必需的元素或具有某些有害物质,或水质受到污染达不到饮用要求,都会直接危害人体的健康。

目前,水污染在世界上相当普遍且又严重,水污染对人类健康危害较大。据世界卫生组织的调查,世界上约有 70% 的人喝不到安全卫生的饮用水。我国的许多城市自来水取自江河湖泊,以地表水为主,而地表水受外界影响较大,也容易受到污染,不能直接饮用,须经过一系列复杂的净水过程,才能使水质达到饮用水的要求。所以,中国人的吃水问题同样是个大问题。

 思考

1. 调查学校所在地的饮用水来源。
2. 思考日常生活中哪些方面需要用水?

## 三、水资源与人类生产

水既是人类生存的基本条件,也是社会生产不可缺少的物质资源,是一切经济活动的命脉。从人类社会发展的历史来看,在不同的生产力条件下,水资源的数量、质量对人类社会的影响程度是不相同的。

　　河流是人类古老文明的摇篮,四大文明古国古代埃及、古代巴比伦、古代印度和古代中国分别位于尼罗河、幼发拉底河—底格里斯河、印度河和黄河流域,河流为农业发展提供了水源和营养条件,所以称之为"大河文明"。

　　19世纪以后,工业的迅速发展和城市人口的增长及大规模垦荒,促使水资源的利用有了新的发展。在科学技术较发达的近现代,人们不仅开采深层地下水,而且还研制出了海水淡化技术。这些措施使人类可有效利用的淡水资源大大增加。此外,人类还修建了跨流域调水工程和大型蓄水工程(图4.21),以此来缓解水资源时空分布不均匀的矛盾。这些措施大大拓展了人类生存和发展的空间。

图4.21　三峡水利枢纽

 **阅读**

### 海 绵 城 市

　　近年来,一些城市出现"雨季一来,城市看海"的情景。在城市硬化的地面上,雨水只能从管道中集中排泄,当强降雨时,城市的地下排水管网不畅通,河道自净功能减弱甚至丧失,出现了城市内涝。为了解决这一问题,人们从修建排水网络到构筑绿色屋顶,不断探索解决城市洪涝的方法,建设"海绵城市"就是其中一有效措施。

　　所谓海绵城市,是指在城市建设中充分发挥地形地貌对降雨的积存作用、自然下垫面对雨水的渗透作用,以及植被、土壤、湿地等对水的吸纳与净化作用,使城市像"海绵"一样,下雨时吸水、蓄水、渗水、净水,需要时将存的水释放出来并加以利用,将70%的降雨就地消纳和利用,实现自然积存、自然渗透、自然净化的城市发展方式。

　　当今世界农业生产和工业生产都离不开水。世界上用于农业生产的淡水占人类消耗淡水总量的60%～80%。每年有大量淡水从河流、湖泊和地下水中抽出,以满足农业灌溉的需求。工业要用大量水来洗涤、溶解、加热或冷却,并用水做原料来制造化肥等产品。有些工业对水质还有更高要求。例如,将饮料厂建在水源充足、水质良好的地方,可以降低生产成本,保证产品质量,直接提高饮料生产的经济效益。在能源工业上,水能是一种重要的可再生资源,也是清洁的能源之一。在交通运输上,江河湖海给人们提供了航运的便利,水运具有投入少、运费低、运量大等优点。

### 渤海海水淡化

　　位于我国北方的环渤海地区人口众多,城市密集,经济发达,居民生活生产需水量极大,南水北调虽缓解了部分城市的缺水问题,但淡水资源仍是不足。

　　海水淡化就是通过各种方法,将高浓度盐水从海水中分离出来。渤海海水资源丰富,渤海冰正常年份作为淡水资源的潜在储备可利用储量达 410 亿立方米,寒冷年份可达 1 000 亿立方米。随着海水淡化技术的提高,海水淡化成本不断降低,淡化海水前景广阔,但同时也需综合考虑海水淡化对沿海生态环境的影响。

## 四、合理利用水资源

　　水是人类宝贵的自然财富。随着世界人口持续增长和经济高速发展,人类对水资源的需求量将越来越大。从水资源的数量来看,工农业的发展和人民生活水平的提高必将导致需水量增加,在许多地方特别是某些大城市,需水量增长速度远远超过可供水量增长速度。从水资源的质量来看,人类生活和生产活动排放的废弃物质不断增多,例如,农业生产中使用的化肥和农药随雨水流入河湖,工业生产中的废渣、废水任意排放,生活污水未经处理直接进入江河湖海,这些都导致各种水体污染,可用水资源逐渐减少。全球水资源危机日益加剧,已经向人类亮出了"黄牌"。水资源紧缺不仅会造成粮食减产,人畜饮水困难,进而也会影响经济发展和社会安定。

 阅读

### 南 水 北 调

　　水资源跨区域调配是人类充分利用水资源进行建设的一种重要措施。我国北方地区人民生活和生产用水量远远大于供应量,而南方地区水网密集,水资源相对富足。经过科学论证,我国决定建设南水北调东、中、西三条调水线路(图 4.22),形成"南北调配,东西互补"的格局。

　　2013 年 11 月南水北调东线正式通水,西线工程目前尚未开工。

　　2014 年 12 月南水北调中线工程正式向北京供水。中线工程从丹江口水库引水,自流到干渠终点北京颐和园团城湖。途经河南、河北、北京和天津,为沿线地区提供生产生活用水,有效缓解首都水资源紧张的局面。

南水北调中线

　　南水北调实现了水资源的跨区域调配,目前年调水量 183 亿立方米,1.1 亿人直接受益,促使我国南北方居民合理利用水资源,同时增加了沿线绿色生态景观,当然对其带来的一些不利影响也要加以重视,并采取措施改进。

图 4.22　南水北调路线图

水资源危机使人们意识到制定科学的用水战略,合理分配和利用水资源,是社会持续发展的唯一出路。为此,人们采取多种措施,力图从开源和节流两方面促进水资源的持续利用。

开源是提高水资源的供应量,包括修筑水库,把大气降水以及洪水期多余的河水蓄积起来,调节水资源的时间分配;跨流域调水,把水资源从相对丰富地区调入水资源相对贫乏的地区,调节水资源的空间分布,例如我国的南水北调工程、河南的红旗渠工程等(图 4.23)。除此之外,还有海水淡化,人工增雨,利用两极和高山地区的固体冰川水资源等等。

红旗渠工程

图 4.23　"人工天河"红旗渠

节流是指提高用水效率,包括加强宣传教育,提高公民节水意识,养成节约用水的习惯;改进农业灌溉技术,提高工业用水的重复利用率,从农业和工业这两大用水大户中挖掘水资源的潜力等。

节约用水,防治水污染是目前最经济、最有效的解决水资源不足的途径。

## 以色列的节水农业

以色列位于地中海东岸,国土狭小,其中 2/3 是沙漠。原本这里连人的用水都成问题,更不用说种植农作物、发展畜牧业了。然而,就是在这块水资源奇缺的贫瘠土地上,以色列人创造了奇迹般的现代节水农业佳绩:农业灌溉用水连续 30 年稳定在 13 亿立方米,而产出却翻了五番,已占据了 40% 的欧洲瓜果、蔬菜市场,并成为仅次于荷兰的欧洲第二大花卉供应国。以色列将"沙漠之国"打造成了"农业强国",人们在惊叹的同时,不禁要问:究竟是什么神奇力量帮助以色列人创造了这一奇迹?

节约用水宣传
短片

对水资源的科学开发和利用是以色列实现这一飞跃的重要途径。从 1952 年起，以色列耗资 1.5 亿美元，用 11 年时间建成了 145 千米长的"北水南调"输水主管道，然后再以中小口径的管道输送至全国各地。

20 世纪 60 年代中期，以色列发明了滴灌技术（图 4.24）。把水和肥料通过密布在田间的管道网，由滴管直接送到每株植物的根部进行灌溉，从而使灌溉用水损耗量降到最小，极大地提高了水和

图 4.24　以色列的农田滴灌

肥料的利用率。如今计算机控制的水、肥封闭滴灌网已遍布以色列全国。此外，许多农田使用压力灌溉方法，水利用率高达 95％，且使用处理后的废水灌溉，实现了水的循环利用。按照以色列现在的节水效率，地球可以多养活 3 倍的人口。

## 阅读

### 节约用水，从我做起

图 4.25 为我国节水标志：绿色的圆形代表地球，标志留白部分像一只手托起一滴水。手是汉语拼音字母 J 和 S 的变形，寓意节水，表示节水需要公众参与，鼓励人们从我做起，人人动手节约每一滴水；手又像一条蜿蜒的河流，象征滴水汇成江河。

作为青年学生，有责任也有义务节约用水。下面列出几条建议：

图 4.25　国家节水标志

测一测

（1）刷牙：用口杯接水。

（2）洗衣：衣物集中洗涤，减少洗衣次数；小件、少量衣物提倡手洗；洗涤剂投放适量。

（3）洗浴：间断放水淋浴，搓洗时及时关水，避免过长时间冲淋。盆浴后的水可用于洗衣、洗车、冲洗厕所、拖地等。

同学，你还能提出哪些好的节水建议呢？

## 阅读材料　"水"——幼儿教育活动

大自然中有很多奇妙的自然现象，比如，月亮的圆缺变化、四季的转换、刮风和下雨等，其中最常见的就是水的各种变化。现展示以"水"为主题的幼儿教育活动。

1. 幼儿科学故事《小水滴的旅行》

小水滴的老家在蔚蓝色的大海里。一天，小水滴想到外面去旅行，就请太阳公公帮忙。太阳公公放出强烈的光和热，一会儿就把小水滴变成了水汽，慢慢地把水汽送上了

天。在天上,水汽们集中在一起抱成了团。哇,远远望去,变成了一朵一朵的白云。这时,冷空气爷爷来了,水汽们冻得发抖。有的冻得支持不住,变成了小雨点,从天上掉下来了;有的坚持着,但后来身上结了冰,慢慢地变成了小雪花,也从天上飘下来了。掉到山上、地面上的雨和雪花融化后的水钻到地底下,就变成了地下水。掉到河里、湖里的就变成了河水、湖水。这些地下水、河水、湖水没有味,人们称它们为"淡水"。大家喝的、用的都是淡水,可是地球上的淡水是有限的,小朋友要节约用水,一定不能浪费哟!

过了一段时间,江、河、湖里的小水滴想老家了,就随着江河水一起奔腾,又回到了大海。到了大海里的小水滴变成了咸水,又苦又涩,人们不能喝。但可以通过太阳把它们晒干,变成了盐,对人类又有用了。

小水滴的漫游,给我们人类带来了许多好处,所以大家都很喜欢他。

2. 儿歌《水》

大大的水,是海水。小小的水,是泪水。

跳舞的水,是喷泉。静静的水,是湖水。

清清的水,自来水。脏脏的水,是泥水。

甜甜的水,西瓜水。咸咸的水,是汗水。

## 【本章小结】

水既是地球上最为活跃的物质,又是支撑人类及其社会生存和发展的重要自然资源。地球上的水始终处在不断的运动变化之中,水循环是地球上最活跃的能量交换和物质转移过程之一,它深刻而广泛地影响着全球的地理环境;大规模的海水运动也对地理环境产生了深刻的影响。水资源短缺和危机从区域性向全球性发展的趋势,已经引起世界各国的高度警觉;如何解决水资源的供需矛盾,怎样合理利用水资源早已成为摆在全人类面前的重要课题。

## 【参考文献】

[1] 课程教材研究所/地理课程教材研究开发中心. 普通高中教科书地理必修第一册[M]. 北京:人民教育出版社,2019.

[2] 朱翔,刘新民. 普通高中地理课程标准实验教科书地理必修1[M]. 长沙:湖南教育出版社,2019.

[3] 王民. 普通高中教科书地理必修第一册[M]. 北京:中国地图出版社,2019.

[4] 课程教材研究所/地理课程教材研究开发中心. 普通高中课程标准实验教科书:地理(必修1)[M]. 北京:人民教育出版社. 2008.

[5] 学前教育专业统编教材:科学——人类生存的环境[M]. 郑州:郑州大学出版社,2008.

图为春节黄金周期间，上海城隍庙旅游区步行街人头攒动的景象。

# 第五章　人口与地理环境

2010 年，"大力发展学前教育"被写入了《国家中长期教育改革和发展规划纲要（2010—2020 年）》。此后各地积极采取各种措施努力解决"入园难"问题，促进学前教育的普及。为什么近年来我国要大力发展学前教育？这与本章要学习的人口容量、人口素质等问题密切相关。

## 【学习目标】

通过对本章的学习，应实现以下目标：
1. 了解人口的分布及其影响因素。
2. 了解人口迁移的影响因素及其对环境的影响。
3. 理解环境人口容量和人口的合理容量。

# 第一节　人口分布

 **课 前 活 动**

[小调查]

调查你所生活地区的人口分布情况,哪里比较稠密?哪里比较稀疏?想一想,为什么会有这样的差异?

人口分布是指一定时期人口在一定地区范围内的空间分布状况,通常以人口密度来衡量。

## 一、世界人口的分布

从人类诞生至今,世界人口规模已发展至 78.75 亿[①]。除了南极洲,世界所有的大陆上都有人口分布。从图 5.1 可以看出,世界人口的分布极不均匀。在占地球陆地面积 10% 的土地上大约居住着世界 90% 的人口,在离海岸 200 千米以内的沿海地区集中了世界 60% 左右的人口,而陆地上相当一部分地区却人烟稀少。

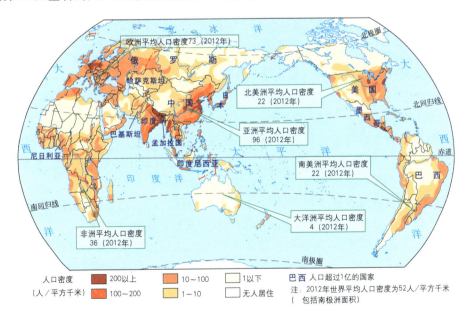

宜居地

图 5.1　世界人口的分布

---

① 数据源自联合国人口基金发布的《2021 年世界人口状况》。

## 活 动

读图 5.1,讨论以下问题:

1. 就区域而言,世界人口主要分布于哪些地区?

2. 就纬度而言,世界人口主要分布于什么纬度范围?

3. 就地形而言,人口主要分布于什么样的地形区?

4. 根据以上分析,归纳世界人口分布的一般规律并思考其原因。

世界上有四大人口稠密区,即亚洲东部、亚洲南部、欧洲西部和北美洲东部。亚洲东部人口稠密区包括我国东部、朝鲜半岛和日本中南部等地;亚洲南部人口稠密区包括印度、巴基斯坦、孟加拉国、斯里兰卡等国;欧洲西部人口稠密区包括英国、法国、德国、荷兰等国;北美洲东部人口稠密区包括美国东部和加拿大东南部。

除南极洲以外的各大洲中,亚洲人口数量最多,人口密度也最大,大洋洲人口数量最少,人口密度也最小。亚洲、非洲和拉丁美洲人口约占世界总人口的 85%。

各国人口分布也不平衡,截至 2020 年年底,世界上人口超过 1 亿的国家有中国、印度、美国、印度尼西亚、巴西、巴基斯坦、尼日利亚、孟加拉国、俄罗斯、墨西哥、日本、埃塞俄比亚、菲律宾、埃及等,其中孟加拉国的人口密度最大,约为 1 127.38 人/平方千米,俄罗斯的人口密度最小,约为 8.42 人/平方千米,相差极为悬殊。

## 二、影响人口分布的因素

人口分布是一个复杂的自然过程和社会过程,与地理环境密切相关。影响人口分布的地理环境因素可归纳为自然因素和人文因素两大类。世界人口的分布状况是自然、人文各因素综合作用的结果。

### 1. 自然因素

自然因素对人口分布的影响最为持久而深远。宜居是人类选择居住地的最基本要求。自古以来,不是特殊的原因,没有人愿意选择不适宜居住的地方居住。影响人口分布的自然因素主要有海陆分布、气候、地形地势、水源等。

人口的分布状况首先受制于地球表面的海陆分布,因为人类只能选择陆地居住。由于南半球大部分是海洋,因而全世界近 90% 的人口居住在北半球。

从图 5.1 还可以看出,世界上人口分布稀疏的地区主要有:撒哈拉沙漠、澳大利亚中西部沙漠等干旱地区;亚洲和北美洲的北部、南极洲、青藏高原等寒冷地区;亚马孙平原、刚果盆地等湿热地区。这些地区的气候过于寒冷、干燥或湿热,不适合人类居住,因此世界人口主要分布在气候较为适宜的中、低纬度地区。

 阅读

### 自然因素对俄罗斯人口分布的影响

俄罗斯是世界上陆地面积最大的国家,位于欧洲东部和亚洲北部,横跨欧亚两洲,是世界上人口分布较为稀疏的国家之一。

俄罗斯有四大地形区,从西至东依次为东欧平原、西西伯利亚平原、中西伯利亚高原和东西伯利亚山地。俄罗斯处于中、高纬度带,地跨温带、亚寒带和寒带,气候复杂多样,大多数地区属温带和亚寒带大陆性气候。根据大陆性程度的不同,以叶尼塞河为界分为东西两部分,西部属于温和的大陆性气候,西伯利亚属强烈的大陆性气候。除了东欧平原的中部地区冬夏气温的差异比较适中外,其他地区大多是冬季漫长而寒冷,夏季凉爽而短促,特别是西伯利亚地区纬度较高,冻土广布,气候酷寒。降水量西部较多,东部较少,差异显著。

俄罗斯人口分布不均衡,呈现西密东疏的特征,即人口主要集中在西部的欧洲部分,而东部的西伯利亚地区占俄罗斯陆地面积3/4,居住的人口却不到总人口的1/4。

人口的分布趋向于低平地区。全世界近80％的人口居住在海拔500米以下的地区。平原地区地形平坦,交通便利,易于开发,是人类的主要居住地。海拔较高的高原地区因寒冷缺氧等原因,不适宜人类长期居住;地形崎岖的山区因交通不便,开发建设难度大、成本高,人口分布也较稀少。

人类的生产生活离不开水源。河流、湖泊沿岸地区,用水方便,具有交通、水产养殖等方面的优势,人口较为密集。在干旱地区,人口稠密区依水源分布,例如,在我国的塔里木盆地,人口较为集中的城镇大多呈点状分布在水源充足的绿洲中(图5.2)。

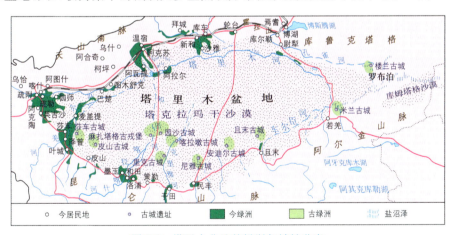

图5.2 塔里木盆地的绿洲与城镇分布

 **活 动**

1. 讨论:下列地区人口稀少主要是哪些因素造成的?

| 人口稀少地区 | 地形 | 水源 | 气候 |
| --- | --- | --- | --- |
| 亚马孙平原 | | | |
| 青藏高原 | | | |
| 撒哈拉沙漠 | | | |
| 格陵兰岛 | | | |

2. 拓展：人类能否通过一些方法适度改变生活习性或改造客观自然因素，以提高自身对自然地理环境的适应性，从而改善和扩大生存空间？试举例说明。

### 2. 人文因素

在自然条件的基础上，人口分布还受社会经济条件、历史等人文因素的制约。

经济因素对人口分布具有决定性的影响。人类社会发展的不同阶段，社会生产方式不同，生产力水平不同，人口分布的特点也不同。在农业社会，人口主要分布在农业发达地区。进入工业社会以后，生产力水平获得前所未有的发展，工业占据主导地位，工业企业集中在城镇，更多的就业机会，更高的收入水平，吸引人口向城镇集中。国际贸易的日渐频繁，使得港口城市得以发展，导致沿海地区人口变得稠密。总体来说，经济发展水平较高的地区，人口较为稠密，如欧洲西部和北美洲东部人口稠密区都是经济发达的城镇地区。

人口分布的现状是在长期历史发展过程中逐渐形成的，每个国家或地区人口的分布都具有一定的历史继承性。一般情况下，开发较早、历史较悠久的地区人口较为密集，如亚洲东部、亚洲南部人口稠密区各有一个世界文明发源地，人类长期在这里聚居繁衍，逐步形成了今天的人口规模。除了历史因素外，政治、军事、文化等因素也会对人口分布产生一定影响。

### 📖 阅读

#### 人文环境对人口分布的影响

这里的人文环境主要指政治、政策、法规、民俗、宗教、审美观念、价值取向等诸多方面所形成的社会环境。世界上国家与国家、地区与地区和一国之内的不同地域，人文环境是不同的。人类普遍喜欢稳定、和谐、自由的人文环境，这是导致世界性人口迁移的普遍因素，也是人口稳定增长的重要因素。在中国历史上，大凡称为盛世的朝代，都是人口增长较快且对人口分布产生重大影响的时期。汉代和唐代是中国人口增长较快的朝代。中国人口增长最快的时期是清朝乾隆年间，由于社会稳定，经济快速发展，农业生产技术进步，因而人口增长迅速，1741 年统计人口 14 341 万人，1794 年统计人口 31 328 万人，53 年间净增人口 1.7 亿人，被称为"乾隆盛世"。

#### 中国人口的分布与"胡焕庸线"

在中国人口分布图上，可以从黑河到腾冲绘出一条直线，这条线是我国重要的人口地理分界线，也被称为"胡焕庸线"（图 5.3）。

胡焕庸是我国人口地理学的奠基人（图 5.4）。1935 年，他发表了著名的《中国人口之分布》一文，在这篇论文中他根据 1933 年中国分县人口统计，绘制了中国第一张人口

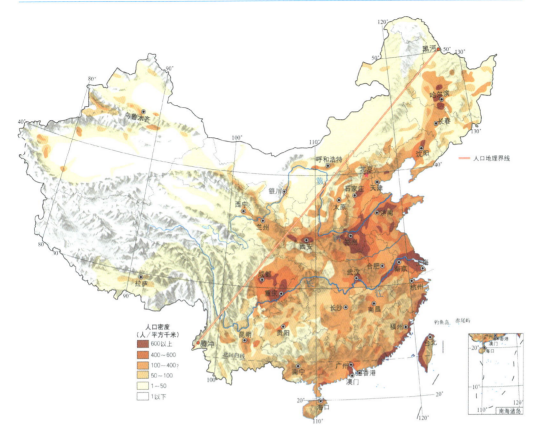

图 5.3　中国人口的分布与人口地理分界线（胡焕庸线）

密度等值线图，首次提出了"瑷珲—腾冲线"，即从黑龙江瑷珲（今黑河市）到云南腾冲之间的连线，今称"黑河—腾冲线"。这条东北—西南走向的直线直观地展示出中国东南部人口稠密、西北部人口稀疏的状况。在当时，这条线西北部占国土面积的 64%，人口仅占全国总人口的 4%；东南部占国土面积的 36%，却聚集了全国 96% 的人口。

图 5.4　中国人口地理学奠基人——胡焕庸

胡焕庸

"胡焕庸线"的地理意义

　　"胡焕庸线"从提出至今已有 80 多年，我国的人口总数增加了约两倍，人口分布也有了一定程度的变化，但"胡焕庸线"所划分的我国东南部和西北部的人口比例并没有多大变化，依然是我国人口分布差异的基线。在 2009 年我国地理学界评选出的"中国地理百年大发现"中，"胡焕庸线"位列第七。

测一测

**活 动**

阅读案例 1 和图 5.3，讨论以下问题：

1."黑河—腾冲线"所划分的我国东南部和西北部的人口密度为什么差异悬殊？试从自然因素和人文因素两个角度进行分析。

2. 找出"黑河—腾冲线"西北一侧人口较为稠密的区域，分析其人口较为稠密的原因。

3. 为什么 80 多年来"黑河—腾冲线"所划分的我国东南部和西北部的人口比例并没有多大变化？说说你的猜想，查找资料证明你的观点。

# 第二节  人 口 迁 移

**课 前 活 动**

[问题探究]

什么是人口迁移？请判断下列现象中哪些属于人口迁移？说说你的理由。

1. 明清时期我国广东、福建等省部分人口移居东南亚；

2. 春节假期大批人员返乡过年或外出旅游；

3. 某人在其所生活的城市买了一套新房，全家搬迁至新房居住；

4. 高中毕业生考上大学去外省就读；

5. 响应国家鼓励大学生服务大西部的号召，部分大学生毕业后到西部地区就业生活。

## 一、人口迁移的内涵和分类

人口迁移是人口移动的一种形式，是指人们出于某种目的，移动到一定距离之外，改变其定居地的行为。与一般的人口移动不同，人口迁移具有两个重要特点：一是居住地必须发生长期性或永久性的变化；二是这种迁移要达到一定距离，必须是跨越行政区域界线的。例如春节假期的人口移动，由于没有发生人口居住地长期性或永久性的变动，就不属于人口迁移；本市范围内的换房居住，由于没有跨越行政区域界线，也不属于人口迁移。

根据人口迁移的范围是否跨越国界，可分为国际人口迁移和国内人口迁移。国际人口迁移指人口跨国界并改变住所达到一定时间（通常为 1 年）的迁移活动，它包括永久性移民、在本国就业的外国人、国际定居难民等。国内人口迁移是指发生在一个国家领土范围以内的人口迁移，还可以进一步划分为省际、县际迁移等。另外，按人口迁移的社会组织形式，还可分为个人迁移、集体迁移、自愿迁移、被迫迁移、自发移民和有组织移民等。

## 二、影响人口迁移的因素

随着社会生产力的发展，人口迁移日益频繁，国际迁移、国内迁移每天都在发生。为什么人们要离开原居住地迁往异乡呢？"推拉理论"对人口迁移的原因作出了解释：任何一个地区，都同时存在某些吸引人口迁入的因素（拉力）和某些排斥人口迁入的因素（推力），迁入地的拉力大于推力，反之，迁出地的推力大于拉力。这些因素对于不同人的作用是不同的，有的因素对某些人来说很重要，但对另一些人来说却是无关紧要的。另外，人口迁移还受迁入地和原居住地之间各种中间阻碍因素（如距离、语言、迁移成本等）的影响（图 5.5）。

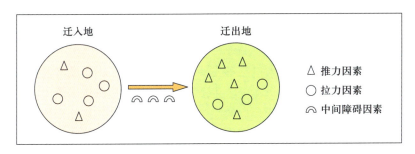

图 5.5　人口迁移的"推拉理论"示意

人口迁移的
"推拉理论"

 **活　动**

讨论：

1. 想一想，引起人口迁移的拉力因素可能有哪些？推力因素有哪些？

2. 调查 2～3 个身边的人口迁移的例子，了解他们迁移的拉力因素和推力因素。

影响人口迁移的推力因素或拉力因素复杂多样，一般可分为自然因素和人文因素两大类。

### 1. 自然因素

自然环境是人类赖以生存和发展的条件，自然环境的区域差异以及自然环境的变化，对人口迁移有重要的影响。自然环境优越、自然资源丰富等因素会对人口迁移产生巨大的拉力，而环境问题、自然灾害等因素则会对人口迁移产生巨大的推力。

**阅　读**

#### 自然灾害移民

由于发生自然灾害的灾区自然环境被破坏、基础设施功能丧失、社区管理体系瓦解和社区生存与安全环境恶化等原因，加上就业、居住环境和福利供给等社会条件恶化，会引发大规模的自然灾害移民。外迁的灾民一部分会在灾后返回迁出地，但一部分会永久地留在迁入地。

在历史上,中国的华北和中原地区,经常性出现的旱灾,迫使许多农村地区农民在自然生态条件好时就种地,旱灾来了就去外地"逃荒要饭",这是一种最本能和原始的、周期性的自然灾害移民。

2009年9月,联合国发表的一份由联合国人道事务协调处以及国际难民监测中心联合编撰的报告显示,2008年总共有3 600万人口因自然灾害而被迫离开自己的家园。中国汶川大地震导致的人口迁移占了其中的1 500万人。报告认为,有更多的人可能因为干旱、洪水、风暴及其他与气象相关的自然灾害而背井离乡,相当于战争冲突所造成的难民人数的近4倍。全球变暖正在使得极端天气事件的出现频率与强度增加,因此,该报告指出,气象灾害如今"已成为全球各地人们被迫流离失所的极为重要的原因"。

### 2. 人文因素

三峡移民工程

在人文因素中,经济因素是人口迁移主要的、常见的因素。当经济发展水平极端低下时,人们为了自身的生存而不得不寻求生活资料,一般总是向自然条件较好的地域迁移。随着生产力的发展,人们改造自然的能力逐渐增强,人口迁移越来越少地取决于自然条件的优劣,转而取决于经济发展因素。例如,改革开放以来我国的人口迁移大多由经济因素引起,如新的经济区和大型厂矿的建设、边疆资源的开发、新城市的建设以及地区间经济发展的不平衡等都会引起人口迁移。另外,交通和通信的发展,相对缩小了地区之间的距离,减少了阻碍人口迁移的各种因素,促进了人口的迁移。

政治、军事、教育、宗教、婚姻和家庭等人文因素也会导致人口的迁移。例如,我国历史上曾实行过移民戍边改革,将内地的人口迁移至边境地区,这就属于政治因素。又如,婚姻和家庭也是引起人口迁移的常见因素,其中婚姻是影响青年人口迁移的主要因素,而家庭因素(如实现家庭团聚)则在未成年人和老年人口的迁移中起着重要作用。

### 中国近代史上三次大的人口迁移

中国近代史上有三次大规模的人口迁移,即人们常说的"闯关东""走西口"和"下南洋"。

"闯关东"中的"关"是山海关,"关东",也就是今天的东北三省。康熙年间,东北实行封禁,不许汉民进入"龙兴之地"垦殖、采矿,但是私闯关卡,到禁区开垦土地的农民,依然难以禁绝。第二次鸦片战争后,沙俄轻易地割占了黑龙江以北、乌苏里江以东的大片土地,清廷内外出现了"移民实边"的议论,封禁政策渐渐放松。光绪时期东三省全部开禁,内地涌向关外东北地区的人口迅速增加。光绪三十三年(1907),东三省的人口已达1 445万人,四年之后的宣统三年(1911)又增至1 841万人。到了民国时期,迁往东北的移民仍有增无减,并从辽宁向北部的吉林、黑龙江扩展。在整个闯关东的大潮中,华北地区居民向东北移居的多达 3 700 万人，东北地区成为中国迁移人口最多的地区。

在华北地区人口浩浩荡荡渡过渤海、穿过山海关的时候，山西北部的居民则因于频繁的旱灾和贫瘠的土地被迫翻过长城，向今天的内蒙古进发，寻找活路。这就是历史上有名的"走西口"。"走西口"由于自然条件等种种原因，移民规模比"闯关东"要小得多。携家带口，迁往口外的人口除了来自山西省，还有的来自陕西、河北等省。

"下南洋"是指福建、广东一带的居民，一批批远渡重洋到东南亚谋生。《瀛寰志略》中记载，"而闽、广之民，造舟涉海，趋之如骛，或竟有买田娶妇，留而不归者，如吕宋、噶罗巴诸岛，闽广流寓殖不下数十万人。"这些地区大致在今天的菲律宾群岛的附近。这一批向海洋开拓的移民，也成为最早拥有近代化思维的一批华人。自清代晚期以来南洋华人中的杰出人士就不断反哺大陆，开办中国最早的民营企业，慷慨捐助海防，拓展海外贸易，许多南洋华人子弟回到中国，投身革命。抗战期间，仅在滇缅公路服务的华侨就多达 3 000 人，大约有 1/3 的人把生命留在了那里。

## 活 动

阅读案例 2 和图 5.6，完成下列任务：

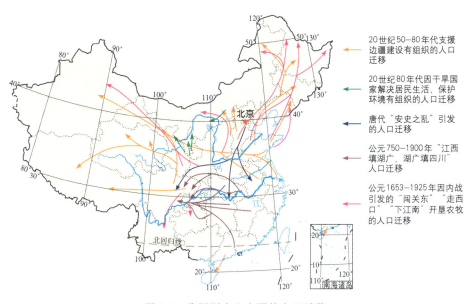

图 5.6　我国历史上主要的人口迁移

1. 引起"闯关东""走西口"和"下南洋"三次大规模人口迁移的主要因素分别是什么？查阅相关资料，了解这三次人口迁移对我国的自然、经济、文化等方面各有哪些影响。

2. 读图 5.6，查阅相关资料，了解图中所示的我国历史上其他几次大规模人口迁移的原因及其影响。

## 三、人口迁移对环境的影响

人口迁移对调整人口分布、劳动力盈缺、促进地区文化交流、新资源的开发、经济文

测一测

化区的建立、民族和种族的融合等都有重要的作用。

　　人口迁移对于迁出地来说可能产生积极的和消极的影响。一方面,人口迁移加强了迁出地与外界社会的经济、科技、思想和文化等的联系,有利于社会经济的发展;对人口压力大的农村来讲,人口迁出缓解了当地的人地矛盾,可以更加合理地开发和利用农业土地资源,对更好地保护农村的自然环境有积极作用。另一方面,人口迁移有可能导致迁出地的青壮年劳动力减少、人才的外流等。

　　人口迁移对于迁入地来说,同样有正、负两方面的影响。一方面,人口迁移为迁入地提供了大量的劳动力,促进了商品流通和经济发展。另一方面,人口迁移也会增加公共设施的负担和管理难度,对自然和生态环境也会产生深刻的影响。

# 第三节　人　口　容　量

**课 前 活 动**

[案例分析]

　　2016 年 3 月 1 日起施行的《幼儿园工作规程》第二章第十一条规定:幼儿园规模应当有利于幼儿身心健康,便于管理,一般不超过 360 人。幼儿园每班幼儿人数一般为:小班(3 周岁至 4 周岁)25 人,中班(4 周岁至 5 周岁)30 人,大班(5 周岁至 6 周岁)35 人,混合班 30 人。寄宿制幼儿园每班幼儿人数酌减。

　　讨论:为什么要限制幼儿园班级的人数? 为什么不同年龄段的幼儿班人数不同呢? 地球上可容纳的人口数量有没有限制呢?

## 一、环境人口容量

　　人类只有一个地球,地球上的空间和自然资源是有限的。不断增长的人口使人类已经越来越感受到生存空间的紧张和资源的匮乏,人们不禁要问:地球最多能养活多少人?

　　为了估算一个地区、一个国家,乃至整个地球能持续供养的人口数量,科学家们提出了环境人口容量的概念。联合国教科文组织对环境人口容量下了一个较为精确的定义:一个国家或地区的环境人口容量,是在可预见的时期内,利用本地资源及其他资源、智力和技术等条件,在保证符合社会文化准则的物质生活水平条件下,该国家或地区所能持续供养的人口数量。

　　环境人口容量的大小受到许多因素的制约,其中资源、科技发展水平及人口的生活和文化消费水平,对环境人口容量的影响最大。资源是制约环境人口容量的首要因素,人类的生存在很大程度上取决于资源状况,资源越多,能供养的人口数量自然越多。人类获得的资源数量与科技发展水平密切相关,随着科技的发展,人类将不断发现新资源,探索资源的最新利用方法,提高资源的利用率。一般来说,科技水平越高,环境人口容量越大。不同时期、不同地域人口的生活和文化消费水平不同,而且随着社会的发展,人口的生活和文化消费水平也在不断变化,不同的消费水平,就会有与之相对应的环境人口容量。生活水平越高,环境人口容量越小。

## 思考

结合环境人口容量的知识分析:

1. 为什么我国人口分布东南部稠密、西北部稀疏?

2. 为什么日本国土面积小,资源匮乏,但是人口却众多?

在环境人口容量的估计中,由于假设的条件不同,不同的人会有不同的估计结果(图 5.7)。

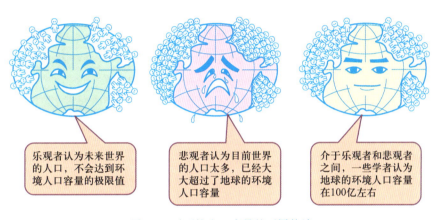

乐观者认为未来世界的人口,不会达到环境人口容量的极限值

悲观者认为目前世界的人口太多,已经大大超过了地球的环境人口容量

介于乐观者和悲观者之间,一些学者认为地球的环境人口容量在100亿左右

图 5.7　对环境人口容量的不同估计

## 二、人口合理容量

人类生活在地球上不仅仅只是为了满足吃饱穿暖这些最基本的生活需要,还有追求一定品质的幸福生活的权利,这种生活不仅应满足人们物质和文化生活的需要,也应满足人们对优质的环境质量的需求。在保证我们以及我们的子孙后代的幸福生活的前提下,地球上到底适合养活多少人呢?为了回答这个问题,科学家在环境人口容量的基础上,又提出了人口合理容量的概念。所谓人口合理容量,是指按照合理的生活方式,保障健康的生活水平,同时又不妨碍未来人口生活质量的前提下,一个国家或地区最适宜的人口数量。

要实现人类社会的可持续发展,就应该追求达到"人口合理容量"这一长远目标。尽管它是一个理想的、难以确定精确数值的"虚数",但它对于制定一个地区或一个国家的人口战略和人口政策,进而影响区域的经济社会发展战略有着重要的意义。

要实现人口合理容量的长远目标,一方面,在公平的基础上,各国政府尤其是发展中国家要尽最大可能把人口控制在合理的规模之内;另一方面,各国、各地区应遵循人地协调发展的客观规律,在保护生态环境的前提下发展经济,实现可持续发展。

人口的合理容量

## 案 3 例

### 我国人口多少才合适?

　　根据我国第七次人口普查的结果,截至 2020 年 11 月 1 日零时,全国人口共141 178 万人,仍居世界第一。我国人口众多,一些人认为这是个大负担,会给资源、环境、社会、经济带来沉重的压力。但也有人认为,人口也是一种资源,适当的人口增长可以带来人口红利,即劳动力资源相对丰富、抚养负担较轻,是经济发展的有利因素。

　　计划生育是我国的一项基本国策,即按人口政策有计划的生育。我国《宪法》规定:"国家推行计划生育,使人口的增长同经济和社会发展计划相适应。"我国人口政策的基本内容是:控制人口数量、提高人口素质。1949 年以后我国人口增长较快,20 世纪 70年代初,我国开始推行计划生育政策,对人口数量实行严格控制,在城市里还实行了"一对夫妇一个孩子"的措施。由于 40 多年持续地实行计划生育政策,使中国有效遏制了人口过快增长的势头,缓解了人口对资源、环境的压力,促进了经济持续较快发展和社会进步。近年来,由于我国的人口发展出现劳动年龄人口和育龄妇女减少、老龄化程度加深、生育观念发生转变、人口红利减弱等重大转折性变化,2001 年起,我国的生育政策从"双独二孩"到"单独二孩",又从"全面二孩"到"全面三孩",几经调整,逐步放开,这都是国家根据人口与资源、环境、经济、社会的新形势,对人口政策作出的重大调整。

第七次全国人口普查结果

　　我国人口究竟多少才合适? 很多学者研究过我国的人口容量。早在 1949 年以前,就有学者根据中国资源状况及经济发展水平,提出中国人口总数以 4 亿为最佳。1957 年,人口学家马寅初提出我国最适宜的人口数为 7 亿~8 亿人。1991 年,中国科学院自然资源综合考察委员会研究认为,从土地资源来看,我国人口容量应该控制在 16 亿左右。

测一测

## 🌐 活 动

阅读案例 3,完成下列任务:

1. 为什么国家要适时对人口政策进行调整?

2. 为什么不同时期的学者所提出的我国人口容量的数值不一样?

3. 结合本节所学内容,思考在幼儿园如何对幼儿进行科学人口观的启蒙教育。

## 阅读材料　世界人口日的由来和历年主题

　　1987 年 7 月 11 日,以一个南斯拉夫婴儿的诞生为标志,世界人口突破 50 亿。联合国人口基金会倡议将这一天定为"世界 50 亿人口日"。1990 年,联合国根据其开发计划署理事会第 36 届会议的建议,决定把每年的 7 月 11 日定为"世界人口日",以唤起人们对人口问题的关注。据此,1990 年 7 月 11 日成为第一个"世界人口日"。

　　联合国人口基金会从 1996 年起,为每年的世界人口日确定一个明确的宣传主题。从这些主题中,既可以看到历年侧重点的不同,又可反映出世界人口日主题发展变化的整体脉络(表 5.1)。

表 5.1　世界人口日历年主题

| 年份 | 主题 | 年份 | 主题 |
|---|---|---|---|
| 1996 | 生殖健康与艾滋病 | 2009 | 应对经济危机:投资于妇女是一个明智的选择 |
| 1997 | 为了新一代及其生殖健康和权利 | 2010 | 每个人都很重要 |
| 1998 | 走向 60 亿人口日 | 2011 | 关注 70 亿人的世界 |
| 1999 | 60 亿人口日开始倒计时 | 2012 | 普及生殖健康服务 |
| 2000 | 拯救妇女生命 | 2013 | 关注少女怀孕问题 |
| 2001 | 人口、发展与环境 | 2014 | 关注向青年人投资 |
| 2002 | 贫困、人口与发展 | 2015 | 紧急情况下的弱势群体 |
| 2003 | 青少年的性健康、生殖健康和权利 | 2016 | 投资于青少年女性 |
| 2004 | 纪念国际人口与发展大会 10 周年 | 2017 | 计划生育——赋予女性权利,利于发展国家 |
| 2005 | 平等＝授权 | 2018 | 计划生育是一项人权 |
| 2006 | 年轻人 | 2019 | 国际人口与发展会议 25 周年:加快进程,实现承诺 |
| 2007 | 男性参与孕产妇保健 | 2020 | 终止新冠肺炎疫情:当下如何保障妇女和女童的健康和权利 |
| 2008 | 这是一种权利,让我们将它变成现实 | 2021 | 权利和选择就是答案:不管是婴儿潮还是婴儿危机,解决办法在于优先考虑生殖健康和所有人的权利 |

## 【本章小结】

世界人口的分布是不均衡的,一个国家或地区的人口是稠密或稀疏是各种自然因素和人文因素综合作用的结果。

人口的迁移是人口移动的一种形式,它由自然因素或人文因素所产生的"拉力"和"推力"之合力所引发,对迁出地和迁入地的地理环境都会产生一定影响。

为了实现可持续发展的目标,人们提出了环境人口容量和人口合理容量,人口容量的估算为一个国家或地区制定合理的人口战略和经济社会发展战略提供了依据。

## 【参考文献】

[1] 课程教材研究所/地理课程教材研究开发中心.普通高中教科书地理必修第二册[M].北京:人民教育出版社.2019.

[2] 王民.普通高中教科书地理必修第二册[M].北京:中国地图出版社.2019.

[3] 朱翔,刘新民.普通高中教科书地理必修 2[M].长沙:湖南教育出版社.2019.

[4] 傅广典.生存逻辑 全球化穹顶下的人类同生共存[M].武汉:武汉大学出版

社.2017.

　　[5]"中国地理百科"丛书编委会.高黎贡山[M].北京:世界图书出版公司.2017.

　　[6]洪志华,韩宝妍,吴振华.科学·地理(第二册)[M].济南:山东人民出版社.2015.

　　[7]何志宁.自然灾害社会学 理论与视角[M].北京:中国言实出版社.2017.

　　[8]杨魁孚.人口知识简明手册[M].北京:中国人口出版社.2000.

图为位于闽江之滨的福州市夜景。

# 第六章 城市与地理环境

你的家是在城市还是乡村？如果你生活在城市，城市的发展变化无疑与你息息相关；如果你的家在乡村，你也可能会因为购物、看病、求学以及求职等原因来到城市。如今，几乎所有人的生活都离不开城市。

## 【学习目标】

通过对本章的学习，应实现以下目标：

1. 了解城市的概念及城市出现的基本条件。

2. 掌握影响城市区位的各种因素。

3. 掌握城市化的概念和标志。

4. 理解不同类型国家城市化进程的主要特点。

5. 了解城市化过程中产生的问题及解决途径。

## 第一节　城市的起源

据联合国人居署估计,目前全世界有一半以上的人口生活在城市里。到 2030 年,这一比例将达到 60％。城市是人类文明的中心,它是在原始社会向奴隶社会过渡的过程中形成的。

### 一、城市概述

在我国,"城市"一词源于"城"和"市"的基本内涵。"城"的出现早于"市",它是指四周有城墙维护,具有防守保护的区域(图 6.1),而"市"则是指集中进行商品交换的场所。随着社会经济的发展,夏商时期,"城"与"市"逐渐融为一体,演变成了早期的城市。随着时代的进步,城市的含义日益丰富,不仅具有"城"和"市"的基本含义,而且还具有政治、经济、社会、文化等方面的内涵。

图 6.1　山西平遥古城的城墙

现在一般认为,城市是达到一定人口规模,并以非农业人口为主的居民聚居地。城市具有高度的密集性,人口、建筑、生产、物资、信息以及经济活动、文化活动高度集中,是一定地域的政治、经济、文化、科技、教育中心。城市还是一个开放的系统,时刻与周围的乡村及其他地域进行着人口、物资和信息的交流。

### 二、城市出现的基本条件

据考古发掘,城市首先出现在四大河的中下游平原上,即美索不达米亚平原、尼罗河谷地、印度河谷地和黄河中下游地区。最早的城市之所以产生于这些大河流域,主要因为城市文明是以农业文明为基础的,而这些大河流域正是世界上最早的几大农业文明产生之地,这表明城市是由乡村蜕变而来的。

城市大约出现在公元前 5 000 年至公元前 3 500 年这段时期内。城市的出现需要具备两个基本条件:

一是农业生产技术的创新。在世界上最早出现城市的地区,人们在城市出现之前,一般已采用了灌溉技术,开始人工种植农作物和畜养动物。农业生产技术的创新,促进农业劳动生产率提高,使农业生产有一定的剩余产品。有了剩余产品才有商品交换的可能,这是城市起源的物质基础。

二是社会分工促进了城市的出现。由于第二次社会大分工,手工业从农业中分离出来以及商业的出现,使得商品交换日渐频繁,在适于货物集散和商品交换的地方逐渐形成了固定的交易场所——集市。随着交换地域的进一步扩大,集市就可能发展演变为城市。

 **活 动**

1. 讨论:古代的城市为什么要修筑城墙?今天的城市还有城墙吗?为什么?
2. 收集资料,了解你所感兴趣的一座城市的发展历史。

# 第二节 城市的区位因素

 **课前活动**

[案例分析]

读图6.2,想一想:A,B,C三个聚落中,哪个较有可能先发展成为城市?

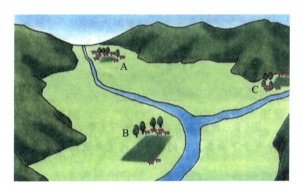

图6.2 聚落的位置与发展

为什么一个城市会在某一地点形成并发展起来?为什么有的城市发展得很大,有的城市却很小?要寻求某个城市形成、发展的原因,就必须了解城市的区位因素。这里所说的"区位",包含两层含义:一方面指某事物所在的位置(绝对区位);另一方面指该事物与其他事物之间的空间联系(相对区位)。

影响城市区位选择的各种因素即城市的区位因素。不同城市以及同一城市发展的不同阶段,城市的区位因素有所不同,但都有其主导因素。

## 一、地形与城市区位

世界上大城市多数位于平原地区,尤其是河流的中下游平原。例如,我国的特大城市多分布于东部沿海的平原地区。这是因为平原地区地势平坦,土壤肥沃,便于农耕,而且平原没有显著的障碍,便于建筑物、道路等城市基础设施的建设,对外联系方便,是人口集中分布的地区,也是城市发育的理想环境。

有些高原和山区也有城市分布。热带地区的城市主要分布在高原上,这主要是因为热带的平原低地气候闷热,不适宜居住,而高原则较为凉爽。例如,巴西的亚马孙平原上极少有城市,而巴西高原上却有较多城市分布。山区城市一般都沿河谷或在比较开阔的低地分布,如我国位于汾河谷地的太原市、位于渭河谷地的西安市等。

### 兰州的地形与城市分布

我国的地理中心和西北重镇兰州市,位于青藏高原东北侧的黄河河谷盆地内,周围群山环绕。市中心海拔约 1 520 米,南北两山相对高度为 600 米,黄河自西向东贯穿全城,形成了一个东西长约 45 千米,南北宽仅 2~8 千米的带形哑铃状的河谷盆地。城市沿河谷地带呈狭长的带状分布。

图 6.3　兰州地形与城市分布

## 思考

读图 6.3,思考:兰州的城市分布与地形之间有什么关系? 除了地形因素,这样的城市分布还受什么因素影响?

地形与城市
区位

## 二、河流与城市区位

河流的供水和运输功能往往决定了城市的区位。

图 6.4　我国南方内河航线和主要的城市分布

一方面,城市集中了大量人口,又以工业活动为主,每天都需要大量的生活用水和生产用水,这就吸引着城市临河分布。

另一方面,河流可作为重要的运输通道,水运是影响早期城市形成的主要区位因素。从我国城市发展史来看,大部分城市都是沿江湖河道发育壮大起来的。沿河设城,是我国南方城市分布的一般规律。

从图 6.4 可以看出,沿河城市有不同的区位选择:

河流上游可通航河段的起点因为有货物在此转运,促进了城市的形成,如位于赣江上游的赣州市。

支流与干流汇合的地方更是城市选址的良好区位,因为有大量人流、物流在这里集散、中转。如重庆市位于嘉陵江与长江干流的汇合处(图 6.5),武汉市位于汉水与长江干流的汇合处。

图 6.5　重庆市的区位
重庆市位于嘉陵江与长江的汇合处,具有三个方向上的水运优势,是人流和物流的集散地,便利的交通使其发展成西南地区著名的大城市。

河流与城市区位

位于大河的入海口并具有优良港湾的地区也容易形成城市,而且往往会成为全流域最大的城市。因为那里既可与全河流相通,也可与海洋相连,有利于物流和人流的集散。如位于长江入海口的上海市、位于珠江入海口的广州市。

## 三、气候与城市区位

人类出于本能,在生活和生产过程中不断向气候适宜的地带迁移。这些地带,农业生产发达,吸引人口流入,促使人口密度提高,城市逐渐形成,城市数目逐渐增多,规模也逐渐扩大。

世界上的城市,特别是大城市主要分布在气温适中的中低纬度地带。而在这个地带内,相对于内陆地区而言,气候较为湿润的沿海地区,往往成为许多大城市的优良区位。

## 四、资源与城市区位

资源丰富的地区,一般都是兴建城市的理想场所。世界上有不少因为资源丰富而兴起的城市,尤其以矿产资源的开发利用为基础而形成的矿业城市最多。如美国的匹兹堡,我国的大同、鹤岗等,都是以煤炭开采行业为基础形成的城市。英国的阿伯丁,我国的大庆、克拉玛依等城市的兴起,都与石油的开采有关。我国的鞍山、攀枝花等是在铁矿石产地发展起来的城市。中国瓷都景德镇的形成也与陶瓷土资源丰富有关。

此外,我国黑龙江省的伊春是因森林资源丰富、以木材加工为基础形成的城市,巴西的维塞亚是因盛产橡胶而形成的城市。近些年由于旅游业的发展,还出现了一批因旅游资源丰富而兴起的旅游城市,如我国的黄山市、桂林市等。

## 五、交通与城市区位

城市需要与周边地区或其他城市保持便捷的联系,因而城市分布的趋势是向交通方便的位置集中。世界上的城市,尤其是大城市,一般都沿海、沿江、沿铁路干线或沿高速公路分布。

石家庄——火车拉来的城市

在不同的交通运输时代,城市产生的区位有所不同。在以帆船、马车为主要运输方式的古代,城市多建在河流、大道的交点处。如我国古代邯郸城就是在两条驿道的交点上发展起来的。随着公路、铁路运输的发展,在公路、铁路枢纽及其沿线出现了一批城市,如石家庄、株洲等都是典型的"火车拉来的城市"。

一个地区主要交通线发生变化,会给该地区城市的分布和发展带来很大影响,如铁路的修建、海洋运输的发展会使沿铁路线、沿海的城市迅速发展起来;但若河流淤塞,也会造成沿河城市的衰落。

## 六、政治、文化与城市区位

政治因素对某些城市的发展是至关重要的。一个国家或地区的政治中心往往会发展成为大城市。例如,合肥市原为安徽省的一个普通县城,新中国成立以后合肥成为省会,工业、交通、城市建设迅速发展,成为安徽省最重要的城市。

人类的文化活动,往往也能促使城市形成和发展。英国的牛津、剑桥因是著名大学所在地而成为世界闻名的大学城;而沙特阿拉伯的麦加、麦地那,我国西藏的拉萨等最早主要是作为宗教中心发展起来的城市。日本的筑波、美国的硅谷则是作为世界著名的科技城而发展起来的。

沙漠中崛起的
城市——新疆
石河子市

## 七、城市区位因素的变化

随着时代的发展,影响城市区位的主要因素也会不断变化。有些因素如宗教等对于现代城市区位的影响已经很弱;而另一些因素如交通、资源等从古至今一直对城市区位产生着巨大的影响;在现代社会中,有些新的因素如旅游、科技等成为影响一些城市区位的主要因素。

 **活动**

1. 读图 6.6 回答下列问题:

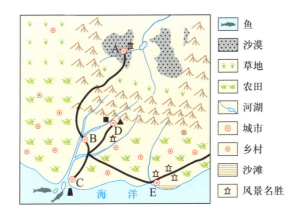

图 6.6　不同城市的区位

测一测

(1) 图中五城市中可能形成较早的是_____、_____,原因是_____。

(2) A、C、D 三城市兴起的共同区位因素是_____。

(3) A 城市兴起的主导因素是_____,促进和限制其发展的区位因素分别主要是_____、_____。

(4) E 城市兴起和发展的主要区位因素是_____。

(5) 按目前图中展示现状,哪个地点可能会再形成一座城市? 将这个城市用字母 F 标注在图上。

2. 调查你所在城市(或你所熟悉的一座城市)的历史,分析影响该城市形成和发展的区位因素。

# 第三节    城市化及其进程

 **课 前 活 动**

[热点评议]

　　举手统计班里有多少同学的家庭是从农村迁到城市的? 有多少同学虽然仍居住在原地,但其所在地却已经从乡村地区转为城市地区? 想一想,发生这些变化的原因是什么?

## 一、城市化的含义

　　城市化,在我国也称为"城镇化",一般是指人口向城镇集聚和城市范围不断扩大、乡村变为城镇的过程。城市化是社会经济发展的必然结果,是社会进步的表现。改革开放以来,我国社会生产力取得了巨大进步。尤其在东部沿海地区,随着产业结构的调整和工业化进程的加快,一方面,大批乡村人口涌向城镇,使得原有城镇规模不断扩大;另一方面,通过县改市、乡改镇的途径,新设了一大批市和镇。

　　城市化有三个主要标志:城市人口增加,城市人口在总人口中的比重上升,城市用地规模扩大。衡量城市化水平的最重要指标是城市人口占总人口的百分比。

我国城市规模
的划分标准

## 二、城市化的进程

　　城市起源以后的几千年时间里,世界的城市人口和城市人口比重呈很低的水平缓慢增长。在 1750 年之前,世界城市人口比重只有 1%～2%。从 1800—2000 年,世界人口增长了 5 倍多,其中世界城市人口增长了 56 倍;至 2000 年,世界城市人口比重达到 47%(图 6.7)。

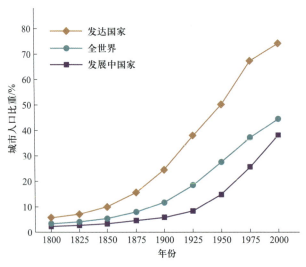

图 6.7    世界城市化水平的提高

从世界各国城市化进程来看,城市化水平随时间的变化大体呈现为一条稍被拉平的"S"形曲线(图 6.8)。尽管目前世界各国的城市化水平高低不一,但它们都处于城市化进程的某一阶段。发达国家大多进入了城市化的后期成熟阶段,发展中国家则大部分处于初期阶段和中期加速阶段。

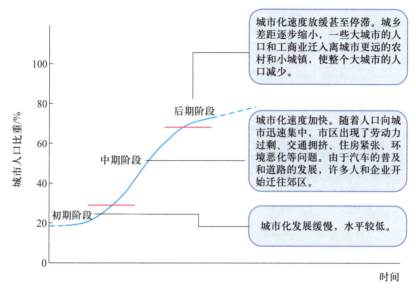

图 6.8　城市化进程示意图

### 英国的城市化进程

英国是世界上最早开始近代城市化的国家。在工业革命的推动下,19 世纪英国的城市化进程很快,一大批工业城市如曼彻斯特、伯明翰等迅速成长起来。从 1801—1851 年的半个世纪里,全国城镇人口比例由 26％提高到 45％。

进入 20 世纪,英国开始出现"郊区城市化"现象。一些原先位于伦敦城周围的小城镇逐渐被伦敦所"吞并",成为大伦敦的一部分。随着郊区城市化的发展,从伦敦经伯明翰到曼彻斯特、利物浦一带的城市规模都在迅速扩大,而且相互越来越接近,城市与城市间的界线日趋模糊,形成连成一片的城市带。

20 世纪后半叶,大伦敦的城市人口出现减少的趋势,其他的大城市也出现了同样的现象,这种与城市化过程相反的现象被称为"逆城市化"。伴随着这一过程,这些大城市的市中心出现了失业率增高、空旧房增多、犯罪率升高、市中心空洞化等现象。

面对城市人口的减少,英国的大城市开始积极开发市中心衰落区,改变产业结构,发展高科技产业和第三产业,以吸引年轻的专业人员回城居住。大伦敦的人口在经历了连续 30 多年的下降之后,于 1985 年开始微弱增长,出现了所谓的"再城市化"现象。

案 **3** 例

## 非洲国家的城市化进程

积极型城市化和消极型城市化

20 世纪 60—80 年代,非洲国家城市化进程驶入快车道,主要表现出两个显著的特点:第一,速度快。非洲是世界城市化速度较快的大洲。城市化的速度远远高于人口的增长速度。例如,20 世纪 60—80 年代,人口自然增长率不超过 3%,而城市人口增长率始终保持在 5% 左右。第二,人口高度集中在首都或少数重要的工商业城市。例如,20 世纪 80 年代中期,坦桑尼亚前首都达累斯萨拉姆的人口已占全国人口的 40%,塞拉利昂首都弗里敦的人口更占全国人口的 82.8%。

非洲城市人口的高度膨胀导致失业率居高不下。20 世纪 70—80 年代,非洲国家城市失业或就业不足的劳动力已占劳动力总数的 30% 以上。此外,城市基础设施严重滞后。例如,埃及开罗的供水系统仅能提供 200 万人的用水,而该市居民却高达 1 000 万人(1980 年)。

非洲的城市化不是由工业化所推动的,而是由大量失去土地的乡村移民所造成的,是典型的超前城市化,或者可以称之为虚假城市化。因此,在这些臃肿"虚胖"的超级城市里,逐渐形成了一种特殊的地理空间景观——贫民窟包围着城市(图 6.9),并不断蔓延。

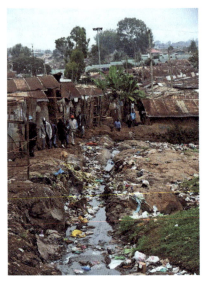

图 6.9　位于肯尼亚首都内罗毕的基贝拉贫民窟

肯尼亚基贝拉贫民窟占地 2.4 平方千米,生活着近 80 万人,是世界第二大贫民窟,也是世界上人口密度最高的地区之一。"基贝拉"在努比亚语中表示"森林",但目前已成为贫穷、盗窃、疾病、死亡的代名词。当地居民住的是铁皮搭成的简易房屋,每人每天的生活费少于 1 美元。

## 活动

比较案例 2、案例 3 中的两种不同类型国家的城市化过程,回答下列问题:

1. 伦敦城市化的发展可以从哪些方面得到体现?

2. 你认为非洲的城市发展合理吗?说出你的理由。

3. 对照图 6.7,列表比较发达国家和发展中国家城市化的差别(提示:可从城市化的起步时间、目前的城市化水平、发展速度、主要问题等方面进行比较)。想一想,产生这些差别的主要原因是什么?

测一测

# 第四节　城市化过程中的问题及其解决途径

 **课前活动**

[案例分析]

城市语录一:城市在创造人类消费奇迹的同时,也在制造着一个与城市一般大小的垃圾场。

城市语录二:城市把自然关在城外,然后再用电视、照片和网络等传媒加工过后的自然告诉孩子们,这就是自然。

讨论:以上两条城市语录说得对吗? 你心目中的城市是怎样的?

## 一、城市化过程中产生的问题

城市规模的无限制扩大,城市人口的迅猛增长,给经济发展和社会生活带来一系列问题,如环境污染、用水紧张、交通拥挤、住房困难、失业人口增多、社会秩序混乱等,导致城市环境质量日益下降。

### 1. 城市环境污染

环境污染是城市最突出的问题。城市是地球上人口最密集的地区,是人类对环境影响最深刻、最集中的区域,因而也是环境污染最严重的区域。城市环境污染主要有大气污染、水污染、固体废弃物污染、噪声污染等。

 **活动**

读图6.10,讨论:漫画中反映的城市环境污染有哪些? 除了漫画中所反映的,你知道城市里还存在哪些环境污染? 搜集资料,分析这些城市环境污染的来源和危害。

图 6.10　漫画:时髦商品

东京应对大城市病的经验

### 2. 城市交通拥挤

城市人口的迅速增长和汽车的增多,使城市交通拥挤,交通事故发生频率高,交通问题十分突出。在许多大城市中,由于道路条件的改善跟不上车辆的增长,经常出现交通阻塞现象。交通阻塞不仅导致时间和能源的严重浪费,也使得汽车尾气的排放量增加,降低城市的环境质量(图6.11)。

图 6.11　晚高峰时段的北京东二环

## 阅读

### 我国主要城市的交通拥堵状况

高德地图联合国家信息中心大数据发展部、清华大学戴姆勒可持续交通联合研究中心等权威机构共同发布的《2020年度中国主要城市交通分析报告》指出:在某交通大数据监测的 361 个城市中,有 2.49% 的城市通勤高峰处于拥堵状态,37.67% 的城市通勤高峰处于缓行状态,其余 59.83% 的城市通勤高峰交通畅通。从 2020 年度的城市路网高峰行程延时指数看,排名前十的城市依次为:重庆、西安、长春、济南、北京、青岛、哈尔滨、南京、大连和上海,延时指数均超过 1.7,也就是说因交通拥堵而造成通勤时间是畅通情况下的 1.7 倍以上,假如正常情况通勤需要 30 分钟,在这些城市的高峰期会达到 51 分钟以上。

### 3. 城市住房困难

随着城市人口的急剧膨胀,城市地价房租高涨,城市住房拥挤现象非常普遍。世界上很多大城市都分布着贫民窟或棚户区,尤以发展中国家的大城市最为明显。

此外,城市化过程还会带来其他的社会问题。如乡村人口的大量迁入加重了城市的就业负担,进而产生贫困问题、社会治安问题、农村的衰败及文化多样性的缺失等问题。

新型城镇化之"特色小镇"——义乌绿色动力小镇

## 二、保护和改善城市环境

### 1. 进行合理规划

从各国城市化发展的历史来看,城市环境质量会随着城市人口的增加和城市规模的扩大而下降,所以,城市在发展过程中必须遵循可持续发展的规律,进行合理规划。

从整个国家或地区来看,应因地制宜地对城市的整体发展进行长期的规划。既要规划好不同级别城市的规模、职能,又要考虑区域发展的平衡,避免人口和工业过多地向发达地区集中。例如,为了促进我国城市化的进一步发展,同时努力避免出现"城市病",进入 21 世纪以来,我国城市发展的战略逐步调整,如"十三五"规划提出"坚持以人的城镇化为核心""以城市群为主体形态""推进城乡发展一体化"等推进新型城镇化的战略,"十四五"规划进一步提出"深入推进以人为核心的新型城镇化战略""以城市群、都市圈为依托促进大中小城市和小城镇协调联动、特色化发展"等完善新型城市化的战略。

城市群

从城市自身来看,应从社会、经济、文化、环境等多方面综合考虑,对城市的发展进行合理规划。例如,在城市建设中,对城市进行功能分区,妥善安排居住用地、工业用地、交通运输等用地的相对位置,以促使其加快污染物的自净;对工业企业合理布局,适当分散污染源。

### 2. 加强城市管理

为了保护城市环境,许多国家都制定了有关的法律和法规,加强城市管理,改善人居生态环境。例如,对工业"三废"的排放进行严格管理,提高对"三废"的综合利用率(图 6.12)。为改善城市交通拥挤状况,建设立交桥、高架桥(图 6.13)、环城路,发展轨道交通等,还对车辆运行进行严格的规定。加强城市住房建设与管理,以解决住房困难问题,如我国近年来积极为中低收入群体建设保障房和廉租房等。

北京城市公交的变迁

图 6.12　污水外排预处理

图 6.13　高架桥

 **活 动**

有人说:交通问题不仅仅是交通规划问题,更是城市总体规划布局的问题。你同意吗?结合自己所居住城市的实际状况,想一想:还可以提出哪些方法来解决城市的交通拥堵问题?

### 3. 扩大绿地面积,建设生态城市

为了促使城市人工环境与自然环境的协调统一,保护自然环境并不断开拓城市自然景观,人们在城市化中引入了生态的概念,提出了建设和发展生态城市的目标。一方面在城市建设中,要发展低污染的节能建筑和绿色交通,减少城市各类活动对环境的污染;另一方面要使城市景观尽可能地与山、河、湖、海、植被等自然景观保持协调,建立一种良性循环。

在生态城市建设中,加强城市绿化尤其重要。绿地面积的多少已成为衡量城市环境质量的一个重要标志。许多国家的城市都在努力建设林荫大道、草坪广场,使其成为花园城市。有的城市还在主要工业区周围建立防护林带,在新建建筑物或城区改建时

留出一定的空地或绿化地。

案 **4** 例

### 我国首个森林城市群——珠三角国家森林城市群

城市里的室内农场

2016 年 8 月,国家林业局批复同意珠三角地区成为全国首个"国家级森林城市群建设示范区"(图 6.14)。珠三角森林城市群以 9 个城市为中心,构建了大型的城乡森林组团。通过大力开展森林城市、森林小镇、森林乡村建设,推动城市森林向城镇、乡村拓展延伸,构建了多层次的城市公园、森林公园、村居公园以及区域性休闲绿道,实现了公园绿地城乡全覆盖,提升了城乡人居环境品质,推动了城乡绿化均衡性发展。通过开展水鸟生态廊道、森林生态廊道和城市生态缓冲隔离带建设,推进区域生态廊道互联互通,缓解了区域自然生态破碎化问题,"开窗见绿,出门入园"的目标基本实现。2020 年,16 项指标全部达到《国家森林城市群评价指标》标准,已基本建成林城一体、生态宜居、人与自然和谐相处的森林城市群。

图 6.14　珠三角国家森林城市群之东莞市

测一测

## 活 动

1. 调查你身边的城市在自然环境和社会环境方面存在的问题,并提出你的解决方案。

2. 结合本章所学内容,以"我身边的城市"为主题创作儿童故事、儿歌或儿童画等,题目可自拟。

# 阅读材料　建设智慧城市[①]

城市在不同的发展阶段具有不同的外在显现特征和自身的内在发展特征,是不同时期生产力水平和城市文化发展到不同程度的体现。从传统城市到工业城市,到数字城市,再到如今的智慧城市,城市的发展正是顺应了这一规律而不断进步的。传统城市,城市的发展主要依靠消耗自然资源,因其生产力低、规模小而发展缓慢;工业城市,科学技术转化为强大的生产力,城市规模也不断扩大,但是在城市快速发展的同时,"城市病"也开始凸显;数字城市,技术不仅成为城市最活跃的生产力,而且为解决"城市病"提供了有效途径。随着信息时代的到来,现代城市在城市管理、经济发展、生态环境等方面面临着巨大的挑战,城市从信息化、数字化逐渐向智能化转变。各种智能技术、应用服务运用到城市的各个角落,"智慧城市"应运而生。

智慧城市以满足人们在城市生活中的物质需求、精神需求、文化需求以及促进人与自然、人与社会、人与人的和谐共处为目标,将智能技术应用到城市各领域,使城市政务、交通、民生、环境、产业等组成部分更加智能化,对城市的发展具有重要的价值:

1. 社会发展价值

首先,建设智慧城市有利于提高社会服务效率。一方面,智慧城市通过建设智慧化服务平台,如网上虚拟政务大厅、并联审批等,形成集管理和运营、治理和服务协同一体的政务服务体系。与传统的以人力为主的政府行政手段相比,智慧化服务平台大大加快了政府部门的行政效率,节约了市民的办事时间。另一方面,面对传染病暴发、突发恶性犯罪、自然灾害等紧急事件,智慧政府通过智能化的决策平台,能够加快判断和保证决策的准确性、有效性与及时性,协调不同部门和行业快速感知、防范和处理突发性问题。此外,智慧城市构建集安防监控系统、城市报警系统、电子警察系统为一体的城市公安系统智能化平台,为侦查犯罪或违规行为提供支持。

其次,建设智慧城市,有利于创造更加绿色宜居的城市生存环境。智慧城市综合运用信息技术,能更好地感知城市环境、整合城市资源、精细化和智能化管理城市,从而缓解"城市病",实现城市的可持续发展。例如,智慧能源、智慧环境、智慧气象等城市应用能够实现节能减排、保护环境、节约资源、优化社会环境;智慧交通应用能够提高城市运输系统的效率和管理,为公众提供便捷、安全的出行服务;智能社区运用实时更新的控制和协调系统,改变传统的居委会管理方式,从而提高市民的生活质量。此外,智慧的城市公共服务设施、良好的安全保障系统、有效的减灾防灾系统,也是市民拥有高质量城市生存环境的保障。

第三,建设智慧城市有利于促进市民生活观念的转变。一方面,生活在智慧城市中的人们无时无刻不在享受着信息技术的便利,人们在学习和享受技术的过程中,对待信息技术的态度被潜移默化地改变,对城市的认知更加深刻,这能够提升他们接受新事物的能力和认知能力。另一方面智慧城市使人与人、人与物、物与物之间的交往方式发生

---

① 李林. 互动共赢 智慧城市与传统文化[M]. 武汉:华中科技大学出版社,2017.

变化,必将深刻地影响人们的生活品质、社交和娱乐方式、工作效率等。例如,智能家居不仅使生活更加安全、高效,而且通过物联技术将家中各种设备连为一体,并与外界保持联系,提供全方位的交互信息,从而使人们在与其他家庭的能耗对比中,形成节约环保的生活理念。智慧技术应用于教育、医疗、文化、社区、家居等社会发展和社会保障领域,倡导智慧化和低碳化生活方式,促进人们生活观念的转变,构建和谐发展的现代城市。

**2. 经济发展价值**

智慧城市建设有利于促进城市经济从资源密集型、劳动密集型向知识型、创新型转变,从而实现城市经济的稳步增长;智慧城市的发展不仅能够使传统产业在智能技术的推动下不断转型升级,向高端化产业方向发展,而且能够带动和培育战略性新兴产业。

首先,有利于保证城市经济发展速度持续健康增长。根据世界银行测算,一个百万以上人口的智慧城市建设,在实际智慧应用程度达到 75% 时,在该城市 GDP 投入不变的情况下,财富能够增长 2~25 倍。"信息化+城镇化"融合的智慧城市建设是驱动经济发展的重要力量,因此,智慧城市将会成为促进我国经济高速增长的重要因素之一。例如,市场前景广阔、资源消耗低、综合效益好的新兴智慧产业直接拉动国民经济的增长;物联网、互联网、云计算、大数据、传感器等信息技术驱动的高科技产业是新的经济增长点;全面互联互通、透彻感知和度量数据的智慧金融系统能够快速智能地分析经济数据以及明智地做出经济决策,为经济的健康增长起到积极的推动作用。

其次,有利于加快城市产业结构转型升级,促进经济发展方式转变。一方面,智慧城市建设能促进传统产业升级,推动产业向高端化发展。在传统产业的发展过程中,存在着技术落后、管理方法老旧、资源利用率低、产品附加值不高等一系列问题。智慧城市中具有高附加值、高就业率的智慧产业,能带动城市产业向高新技术产业、现代服务业等高端产业转型升级。另一方面,推动智慧城市建设的物联网、互联网、云计算、大数据等核心技术,不仅是其他产业发展的助推器,而且自身也能催生新的产业。这些新兴产业的核心技术含量高、资源消耗少、产业产值大,对经济社会的长远发展具有重大的引领带动作用。

**3. 文化发展价值**

一方面,建设智慧城市能够促进文化事业发展。以公共文化服务为例,智慧城市利用新一代信息和通信技术推动数字图书馆、数字档案馆、数字博物馆、数字艺术馆、数字文化馆等文化基础设施建设,极大地提高了文化事业的社会效益。例如,北京数字博物馆"互联网+博物馆"让参观既方便快捷又妙趣横生;3D 数字雍和宫、360°紫禁城全景虚拟漫游、国家博物馆数字展厅等网络虚拟博物馆为观众提供身临其境的体验,在引发观众浓厚的观赏兴趣的同时,达到了科普的目的。

另一方面,建设智慧城市能够促进文化产业发展。随着新一代信息技术在文化产业中的创新应用与不断深入,文化产业的模式与形态将发生重大转变,并催生诸如数字出版、数字技术影视产业、动漫游戏产业、智慧旅游产业、现代舞台演绎产业等文化产业新业态。此外,智慧产业将高新技术广泛应用于传统文化产业,实现了传统文化产业的转型升级;互联网技术的运用有助于产业打造更多富有活力的文化创意服务平台。

当前,我国的大部分城市都在致力于建设智慧城市。据统计,截至 2020 年 4 月初,我国智慧城市试点数量累计已达 749 个。以我国拥有两千多万人口的超大城市——上海市为例,2010 年上海市正式提出"创建面向未来的智慧城市战略"并加以推进。2020年 11 月,上海从全球 48 个国家的 350 座申报城市中脱颖而出,获得"世界智慧城市大奖"。在 10 年的智慧城市建设中,上海市积累了丰富的经验。例如,在智慧社区建设方面,上海市高度重视运用信息化理念和方式推动社区治理体制机制创新,把大数据技术嵌入基层治理,运用大数据来保障和改善民生。如静安区临汾路街道的"社区大脑"整合了公安、城管、房管、市容等执法功能,成为能分析、能判断、能指挥、能协调、能处置的社会治理平台。联合指挥中心集中办公,打破以往职能部门各自为政的局面,一旦分布在街道各处的红外线感应探头发出警报,"社区大脑"的工作人员就会把信息发给相关职能部门。如果遇到需立即处理的问题,工作人员会按照相关职能部门人员的位置,就近调配最近的管理力量赶赴现场,使社区治理更快捷、更精准、更精细。

## 【本章小结】

城市是人类社会生产力发展的必然产物。城市的区位受到各种自然地理因素和社会经济因素的影响。随着时代的发展,影响城市区位的主要因素也会不断变化。

随着社会经济的发展,世界各国相继走上了各具特色的城市化道路。人们在享受城市化带来的好处的同时,也感受到了它所带来的环境问题。保护和改善城市环境,这是世界各国面临的共同任务。

## 【参考文献】

[1] 课程教材研究所/地理课程教材研究开发中心. 普通高中课程标准实验教科书:地理(必修 2)[M]. 北京:人民教育出版社,2009.

[2] 王民. 普通高中课程标准实验教科书:地理(必修 2)[M]. 北京:中国地图出版社,2007.

[3] 罗春祥. 地理基础[M]. 哈尔滨:哈尔滨地图出版社,2006.

[4] 戚传智,学习高手状元塑造车间:地理(必修 2 配鲁教版)[M]. 北京:光明日报出版社,2009.

[5] 刘涛,王光宇. 城市的起源及本质[J]. 湖南城市学院学报.2006.

[6] 谢文蕙,邓卫. 城市经济学[M]. 2 版. 北京:清华大学出版社.2008.

[7] 卢明存,屈齐赓. 社会(下)[M]. 2 版. 郑州:郑州大学出版社.2008.

[8] 人民教育出版社　课程教材研究所/地理课程教材研究开发中心. 普通高中教科书地理必修第二册[M]. 北京:人民教育出版社.2019.

[9] 王民. 普通高中教科书地理必修第二册[M]. 北京:中国地图出版社.2019.

[10] 朱翔,刘新民. 普通高中地理课程标准实验教科书地理必修 2[M]. 长沙:湖南教育出版社.2019.

[11] 徐振光. 加快推进上海智慧社区建设的思考[J]. 党政论坛,2020.11.

[12] 广东省林业局. 搞好城市绿化　扩大城市间生态空间——珠三角建成全国首个"国家森林城市群建设示范区"[J]. 国土绿化,2021.11.

# 第七章　农业区位与农业地域类型

同学，你知道农业在国民经济中的重要性吗？你了解自己所吃所用的农产品各自产地在哪里吗？俗话说"民以食为天"，农业作为人类的"母亲产业"，不仅是人类的衣食之源和生存之本，同时也是安天下、稳民心的战略产业，是支撑国民经济建设和发展的基础。不同农业地域的形成，是劳动人民因地制宜、合理利用自然条件与经济技术条件发展农业的结果。

## 【学习目标】

通过对本章的学习，应实现以下目标：

1. 了解影响农业生产的主要区位因素。
2. 可以运用所学知识合理地进行农业区位选择。
3. 理解农业区位因素的变化及影响其区位选择的因素。
4. 了解以种植业为主的农业地域的特点。
5. 了解以畜牧业为主的农业地域的特点。

# 第一节　农业区位因素及其变化

 **课前活动**

[热点评议]

同学们肯定吃过新疆的葡萄干或者哈密瓜吧？提起新疆，我们马上就会想起一首亲切的民谣："吐鲁番的葡萄哈密的瓜，库尔勒的香梨人人夸，叶城的石榴顶呱呱"，这首民谣生动有趣地道出新疆是个久负盛名的"瓜果之乡"。的确，新疆的瓜果品种繁多、质地优良、味道甜美。其中哈密瓜、伽师甜瓜、吐鲁番葡萄、阿克苏苹果、库尔勒香梨等都是新疆闻名遐迩的国家地理标志农产品。

讨论：新疆瓜果香甜可口的原因是什么？与当地的哪些自然条件有关？

农业是利用动植物的生长繁殖来获得产品的物质生产部门，农业生产活动中，人类利用土地的自然生产力，栽培植物或饲养动物，以获得所需产品。由于动植物的生长与自然环境的关系密切，因而农业是受自然环境影响最大的产业。农业又是历史最悠久的产业，随着社会的发展和科技的进步，社会环境对农业的影响越来越大。农业地域的形成，在一定程度上体现了农业生产与自然环境、社会环境的相互关系。

## 一、影响农业的主要区位因素

图7.1和图7.2展示了两种完全不同的农业景观：我国海南岛的水稻种植和青藏高原的草场放牧。这两个地方气候、地形、劳动力、市场等因素差异显著，从而导致农业生产所选择的对象和生产方式完全不同。这些影响一个地方农业生产选择的因素称为农

图7.1　海南岛的水稻种植

图7.2　青藏高原牧场

农产品地理标志

业区位因素(图7.3)。

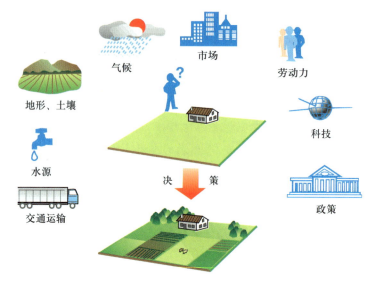

农业区位因素

图7.3 影响农业区位选择的主要因素

从图7.3中可以看出,影响农业的区位因素主要有自然因素、社会经济因素和科学技术因素三个方面。农业的区位选择,其实质是对农业土地的合理利用。

## （一）自然因素

气候因素主要包括热量、光照和降水,它在很大程度上决定着农作物的地区分布。不同的农作物有着不同的水热条件要求。例如,水稻生长需要较多的水分和热量,分布于温暖湿润的地区;橡胶生长需要在年平均气温较高,且冬季不受寒潮影响的地区,因此主要分布于热带地区。

地形对农业区位的影响以海拔和坡度最为明显。平原地区地势平坦、土层深厚,便于耕作和灌溉,适宜发展种植业;山地、丘陵地区地形崎岖,坡度较大,不宜耕作,适宜发展畜牧业和林业。例如,江西省鄱阳湖平原成为稻米产区,而赣南丘陵则发展了林果业。

土壤是农作物生长的物质基础。土壤肥力不同,土地生产力也不同。不同种类的土壤适宜不同农作物的生长。例如,东南丘陵广泛分布着酸性红壤,适宜种植茶树。

水源也是影响农业区位的重要因素。例如,湿润地区丰富的水源为农作物稳产、高产提供了保证,而干旱、半干旱地区发展农业则需要稳定的灌溉水源。

## （二）社会经济因素

影响农业区位的社会经济因素主要包括市场、交通运输、政策法规等。

市场的需求、农产品的价格可有效地引导农业生产的类型、规模和布局。例如,城郊地区距城市近,多种植蔬菜、花卉、水果等农产品。

交通运输直接关系到农用物资运入和农产品运出,特别是对产品保鲜要求高的乳畜业和园艺业,更离不开快捷的交通运输。

政府制定的各项政策法规是用来调整农业生产结构、促进农业发展的重要手段。如税收办法的调整可以起到鼓励或限制农业生产规模和类型以及提高或降低农产品的价格等作用,对农业生产有很大影响。

此外,劳动力数量和素质、历史、文化、政治等因素也影响农业的区位选择。

### （三）科学技术因素

农业科学技术包括良种培育、机械化耕作、化肥和农药的合理施用、科学灌溉以及信息技术应用等。运用农业科技有助于提高农业资源的利用率和农产品质量,增加作物产量,降低生产成本,打通农产品"产销对接"的最后一千米。

总之,农业区位选择必须综合考虑多种因素,不同地区、不同时期考虑的主导因素往往不同,要做到因地制宜、因时制宜,充分合理利用土地。

 **思 考**

读材料回答问题:

材料一　有一首北朝民歌,其中一句"天苍苍、野茫茫,风吹草低见牛羊"描绘的是我国内蒙古牧区壮丽富饶的景象。内蒙古牧区为我国四大牧区中面积最大的牧区。

材料二　我国杭州的"明前龙井"茶世界驰名,日本茶道研究者曾经把茶种带到日本栽培,但效果始终不好。

1. 材料一中,内蒙古牧区发展畜牧业的区位优势有哪些?

2. 查资料,了解杭州龙井的生长条件,分析"明前龙井"茶在日本栽培效果不好的根本原因是什么?

## 二、农业区位因素的变化

### 1. 自然因素的利用和改造

影响农业的区位因素也不是一成不变的。相比之下,自然因素比较稳定,但它对农业区位的影响并非都是决定性的。一方面,人们通过育种技术、栽培和耕作技术等技术进步,使某些农作物生产摆脱了地域的限制。例如,我国已将小麦的种植高限扩展到海拔4 000米的高度,水稻的种植范围也延伸到沿海滩涂及内陆盐碱地上,2020年我国扩大种植10万亩①"海水稻",平均亩产超千斤。另一方面,随着经济技术条件的发展,人们经常对不适宜农业生产的自然因素进行改造,使之适宜发展农业。比如修筑梯田、建造玻璃温室等。

### 2. 社会经济因素的发展变化

如果说,一个地区的自然因素可以看作是相对不变的话,那么影响农业生产的社会经济因素则一直处于不断的发展变化之中。其中,市场的变化对农业区位的影响最为显著。当市场上某种农产品供不应求,价格上涨时,这种农产品的经营规模就会扩大,

超级工程"海水稻"

---

①　1亩＝0.066 7 hm²。

反之生产规模则会缩小。我国农产品价格剧烈波动造成较大影响的"猪周期""豆你玩""姜你军""向钱葱""蒜你狠"等事件时有发生,这些现象充分证明在农业区位选择时,对市场可能发生的变化做出科学预测的重要性和必要性。

交通运输条件的改善和农产品的保鲜、冷藏等技术的发展,使市场对农业区位的影响在地域上大为扩展。例如,我国北方冬季从南方的四川、广东、海南等省大量调进蔬菜;荷兰的鲜花装点着世界许多城市。

### 3. 科学技术的进步

农业科技是农业发展的第一推动力,农业科技创新带来了农业生产的全新时代。如今,随着信息技术融入农业生产的全过程、智慧玻璃温室大面积建造、农业机械广泛使用、优良品种不断培育和推广、灌溉技术日趋成熟等技术进步,农业技术在农业区位中的作用越来越重要,它不仅提高了农业资源的利用率和农作物产量,而且改变了农业生产方式,扩大了农业生产范围。例如,以色列是世界上唯一建在沙漠上的国家,但他们的农业却非常发达。在干旱缺水的情况下,大力发展垂直农业和滴灌技术,以不足5%的农民养活了全国人口还大量出口优质水果、蔬菜、花卉和棉花等农产品。创造了沙漠农业的"神话",成为旱地农业的典范。

以色列的水培农业

 **活动**

1. 调查了解自己家乡所在地优质农产品有哪些? 生产这些农产品主要受哪些因素的影响?

2. 综合考虑影响农业的区位因素,分析当今社会,哪些因素在农业区位选择中起的作用越来越大?

3. 当前,我国农民在不同年份扩大或缩小某种农作物的种植面积,想一想引起这种变化的主要原因是什么?

案 **1** 例

## 梯 田

云南哈尼梯田

梯田是为了保持水土,在坡地上分段沿等高线建造的阶梯式农田(图7.4)。是人们对自然因素进行改造、治理坡耕地水土流失的有效措施,其蓄水、保土、增产的作用十分显著。梯田在我国的东南部丘陵地区以及黄土高原、云贵高原等地区分布广泛。

图 7.4    梯田

## 环地中海地区的农业变迁

地中海气候区冬季多雨,而且经常下暴雨,造成高地水土流失和低地沼泽化。后来人们大规模兴修水利,拦洪灌溉,涸沼开垦,对水的因素进行季节调节,改变了农业区位条件,使这里更加适合水果、蔬菜、花卉的生产。但是,由于这里交通不便,长期以来水果、蔬菜等产品主要就地消费,花卉不能大量生产。19世纪中叶以后,交通运输方式发生了革命性的变化,同时伴随着工业化的步伐,欧洲的城市化进展迅速,居民生活水平大幅度提高,对葡萄酒、新鲜水果、蔬菜和花卉的需求量猛增。于是,环地中海的法国、西班牙、阿尔及利亚、突尼斯、以色列等国农业生产转向专业化,成为水果、蔬菜、花卉等"时鲜业"的大规模生产基地,并在此基础上加工酒类,产品大量销往欧洲各地(图7.5)。随着现代保鲜技术的发展,市场前景更加看好。

图 7.5　法国波尔多的葡萄园

但是,越是大规模专业化农业的生产,遭受低温、洪水、病虫害等灾害时的损失越大,环地中海时鲜业已有过多次惨痛教训。地区之间的农业区位差异造成竞争态势。西班牙位于法国以南,气温较高,时鲜货上市较早,而法国距离欧洲腹地较近,货物运输更便捷,两国之间同类产品竞争激烈。这些问题都要求环地中海地区农业在区位的选择上做进一步的研究和思考。

测一测

 **思考**

1. 修筑梯田反映了人们对哪种自然因素的改造? 在坡度较小的丘陵地区修筑梯田有什么好处? 在坡度较大的山区能否修筑梯田? 为什么?

2. 分析环地中海地区的农业变迁主要受哪些区位因素变化的影响?

3. 云南昆明过去以烟草业为支柱型产业,近年来其产业结构发生了明显的变化,

它已经发展成为我国鲜花、干花的专业化生产基地。试评价这种农业变迁现象出现的原因。

# 第二节　农业地域的形成及类型

 **课 前 活 动**

[案例分析]

　　我国幅员辽阔,不同地区发展农业的差异很大:南方为水田农业,北方为旱地农业;青藏高原为河谷农业,云贵高原为"坝子"农业……

　　讨论:形成我国农业生产地区差异的原因是什么? 自己学校所在地属于哪种农业地域类型?

## 一、农业地域的形成

　　农业生产的特点决定了农业必须按照当地的自然条件、社会经济条件和科学技术条件进行生产,因地制宜,扬长避短。农业地域就是在一定的地域和一定的历史发展阶段,在社会、经济、科技、文化和自然条件的综合作用下形成的农业生产地区。同一农业地域内,农业生产的条件、结构、经营方式、发展方向等具有相同的特征。不同农业地域的形成,就是因地制宜发展农业、合理利用农业土地的结果。

### 澳大利亚混合农业的形成和特点

　　混合农业是指在同一农场中将种植业和畜牧业有机结合在一起的农业地域类型。澳大利亚既是世界小麦市场的主要供应国,也是世界畜牧产品的主要产地之一,还是世界最大的羊毛生产国和出口国。其羊毛和小麦主要产于东南部和西南部的草原地区。这两个地区的农业生产普遍采用同时种植小麦和牧羊的混合经营方式。

　　澳大利亚坚持"土—草—畜—市场"的混合农业模式,采取围栏放牧、划区轮牧等措施,并将天然草场改良为半人工草场,播种优质豆科牧草并施肥,提高了牧草产量和质量,保持畜草平衡。耕作区实行牧草与作物轮作,作物经营比较粗放(图7.6)。

　　东南部的墨累—达令盆地是典型的小麦—牧羊地区,其混合农业有以下三方面显著特点:

　　(1)良性的农业生态系统。农场内的土地交替种植小麦、牧草或休耕,充分保证麦田的肥力。此外,种植的饲料饲养绵羊,羊粪可成为麦田的肥料。

　　(2)有效安排生产。小麦的耕作活动和牧羊活动在一年内交替进行,农民可有效地利用时间安排农事活动。小麦种植的忙季在秋(播种)春(收割)两季,冬季为小麦生

混合农业——
可持续发展的
智慧选择

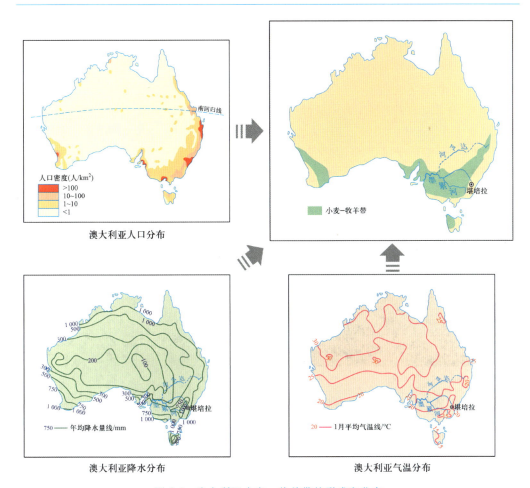

图 7.6　澳大利亚小麦—牧羊带的形成和分布

长季节,农事较闲。而冬季正好是牧羊活动的忙季(绵羊的配种和剪羊毛)。

(3)商品化程度高,市场适应性强。农民可根据市场需求自主决定多种植小麦还是多牧羊,农民的收入比较稳定。

### 我国珠江三角洲的基塘农业

　　基塘农业是我国珠江三角洲地区劳动人民在长期的农业生产实践中因地制宜创建的一种形式新颖的混合农业。

　　基塘是指水塘及包围水塘的小地块(图 7.7)。这种农业生产包括桑(桑树)基鱼塘和蔗(甘蔗)基鱼塘等类型。在珠江三角洲中部,有许多地势低洼的地方,每逢暴雨便积水不退,后经人工改造,把洼地深挖成池塘养鱼,挖出的泥土堆在四周成"基"。"基"既可在暴雨洪水时防止塘水泛滥,又可在"基"面上栽培桑树、甘蔗等。比如,"基"上种植

桑基鱼塘

桑树,桑树可以养蚕,蚕沙投入池塘又可成为鱼的饵料,鱼类及微生物分解后的塘泥又成为"基"面上作物的肥料,两者相互促进、互为利用,构成基、塘互养的水陆物质循环体系,提高了资源利用率和经济效益,这是我国农业生产上充分利用土地资源,变不利条件为有利条件、改造自然的突出典范(图7.8)。

如今,随着时代的发展,珠江三角洲传统的"桑基鱼塘"模式已经发生了巨大变化,伴随工业化和城市化的迅速发展,它已变成了面向市场的"杂基鱼塘",基面已改种草或蔬菜、花卉、水果等,大量的农田变成了果园、花卉基地、无公害蔬菜基地、特种禽畜渔业养殖场等。

图7.7　基塘景观

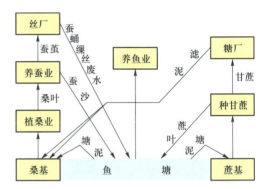

图7.8　基塘生产环节的联系

 **思考**

1. 澳大利亚墨累—达令盆地的混合农业是如何形成的? 这种良性生态系统有何特点?

2. 珠江三角洲由传统的"桑基鱼塘"转向"花基鱼塘、菜基鱼塘、果基鱼塘",引起这种变化的主要原因是什么? 基塘农业有哪些优越性?

3. 把澳大利亚的混合农业与珠江三角洲的基塘农业做一比较,说说它们的相似之处是什么?

## 二、主要的农业地域类型

不同的地区,利用当地的优势条件,形成了各具特色的农业地域类型。农业地域类型就是在一定地域内形成的比较稳定的、成型的区域性农业生产类型,它是历史长期发展的产物。

### (一)以种植业为主的农业地域类型

#### 1. 季风水田农业

季风水田农业

季风水田农业主要分布在亚洲季风区(图7.9),其农业以种植业为主,作物以水稻为主。亚洲季风区水稻种植历史悠久,当地农民种植经验丰富,稻米是人们喜爱的食粮。这里所产稻米占世界稻米总产量的绝大部分。中国是世界最大的稻米生产国。

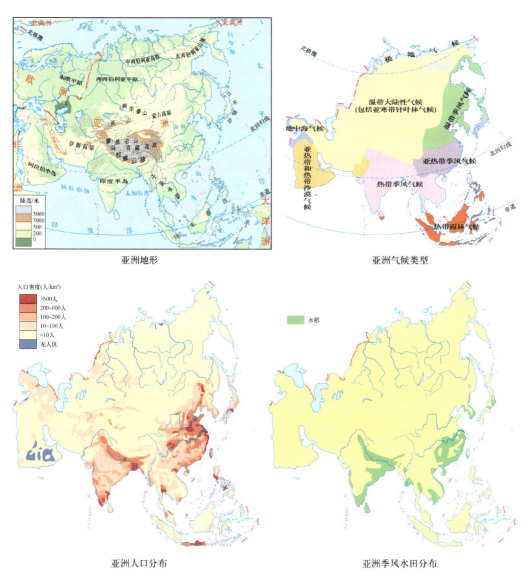

图 7.9　亚洲季风水田农业的形成和分布

　　亚洲季风区有着种植水稻的优势区位条件。从生长习性看,水稻喜温喜湿,亚洲季风区雨热同期的气候很适宜水稻的生长;从生产方式看,水稻种植业属于劳动密集型农业,它生产过程复杂,劳动强度大,需要投入大量劳动来精耕细作。而亚洲季风区人口稠密,充足的劳动力为水稻生产提供了可能。

　　亚洲季风水田区的水稻种植业有以下几方面特点。

　　(1) 小农经营。亚洲季风区的水稻生产以家庭为单位。由于人均耕地少,每户耕种的田地很少。近年来,随着我国土地流转,家庭农场以及种植合作社的发展,我国南方有些地方适度扩大了水稻生产规模。

　　(2) 单位面积产量高,但商品率低。农民在田地里精耕细作,使稻谷的单位面积产量较高。但是由于人口多、耕种田地规模小，每户总产量不大。加上传统观念及经济水平的制约，农民将所收稻谷中相当一部分留作自用，而送到市场上出售的稻谷很有限。

（3）机械化水平和科技水平比较低。由于田地规模小，农民种植水稻，主要凭传统经验。虽然近一二十年来，利用电力进行灌溉、脱粒等技术发展较快，化肥、农药的使用量也逐步提高，但从总体上看，季风水田农业的机械化水平和科技水平还比较低（图7.10）。

(a)　　　　　　　　　　　　　　　　　(b)

图 7.10　我国水稻农耕景观

（a）以前，我国水稻生产主要靠人力完成，犁田、耙田使用耕牛较多。

（b）现在，利用拖拉机犁田、利用插秧机插秧发展较快。

（4）水利工程量大。灌溉是水稻生产的基础。水稻生产过程中需要大量的水，但亚洲夏季风的不稳定，造成水旱灾害较为频繁，因此灌溉系统必不可少。小农经营无力建设水利工程，需要政府大力投资并组织水利工程建设。"十四五"期间，我国水利建设有望加速，预计全国水利投资规模将达到 5.175 亿元①。

 **思考**

1. 歌曲《我的祖国》里"一条大河波浪宽，风吹稻花香两岸⋯⋯"作者笔下的一条大河是什么河？大河两岸的农业地域类型是什么？

2. 结合我国农业地域类型的分布状况，思考：我国南方居民一日三餐离不开的主食是什么？为什么那里的水稻种植面积广？南方发展水稻种植业的有利区位因素有哪些？

3. 针对亚洲水稻种植业特点中存在的问题，你能提出哪些解决问题的建议或措施呢？

缅怀"国之脊梁"袁隆平

**阅读**

### 袁隆平的水稻科学研究

袁隆平是我国当代杰出的农业科学家、中国工程院院士、"共和国勋章"获得者，享誉世界的"杂交水稻之父"（图7.11）。袁隆平是杂交水稻研究领域的开创者和带头人，

---

① 中国财富网：《水利建设有望加速，撬动万亿投资机会》，2022 年 2 月 11 日

致力于杂交水稻技术的研究、应用和推广,发明"三系法"籼型杂交水稻,成功研究出"两系法"杂交水稻,创建了超级杂交稻技术体系,为中国粮食安全、农业科学发展和世界粮食供给作出了巨大贡献。据统计,杂交水稻自1976年起在我国大面积推广应用以来,种植面积累计达90亿亩,累计增产稻谷8 000多亿千克,让14亿中国人端稳了自己的饭碗。不仅如此,中国杂交水稻目前已推广至40余个国家和地区,种植面

图7.11　袁隆平在水稻田间

积超过800万公顷,这对全球粮食增长以及解决全球饥荒和贫困问题起到了非常重要的作用。杂交水稻开辟了粮食大幅度增产的新途径,2020年11月,袁隆平领衔的湖南衡南基地第三代杂交水稻"叁优一号"亩产达1 530.76千克,创造了世界水稻亩产的最新、最高纪录。

　　2021年5月22日,袁隆平因病逝世,享年91岁。联合国官微发文悼念:"袁隆平院士为推进粮食安全、消除贫困、造福民生做出了杰出贡献"。袁隆平热爱祖国、一心为民、造福人类的崇高品德是当代中国人学习的榜样,他对人类的巨大贡献值得世人永远怀念。

### 2. 商品谷物农业

　　商品谷物农业是一种面向市场的以商品粮生产为主的农业地域类型。种植的作物主要是小麦和玉米。生产规模大、机械化程度高是商品谷物农业的基本特征。商品谷物农业主要分布在美国、加拿大、阿根廷、澳大利亚、俄罗斯、乌克兰等国,这些国家的商品谷物农场一般是家庭经营的。我国东北、西北也有这类农业,但我国的商品谷物农场一般是国营的(图7.12)。

商品谷物农业

图7.12　我国黑龙江的农场机械化生产

　　适合发展商品谷物农业的地区,一般具有如图7.13所示的区位条件。

　　美国是世界上最大的商品谷物生产国和出口国,商品谷物农场主要分布在中部平原(图7.14)。这里有发展商品谷物农业的优势区位条件。

图 7.13　商品谷物农业的区位条件

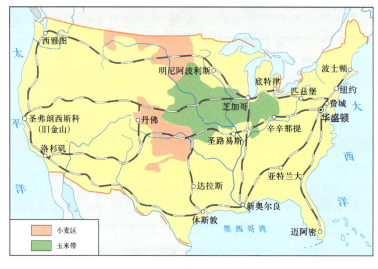

图 7.14　美国本土商品谷物农业的分布

东北农业大规模机械化

（1）自然条件优越。地势平坦广阔；土壤深厚、肥沃；水源充足；气候温和，降水丰富，夏季潮湿。

（2）便利的交通运输条件。五大湖及密西西比河航运与发达的公路和铁路相衔接，构成四通八达的交通运输网。

（3）地广人稀。北美洲中部平原原来只是茫茫旷野，欧洲人到来之后才逐渐开发成谷物生产基地。由于地广人稀，可以进行大规模生产，使得这里的谷物生产比起欧洲有着很大的优势。现在，美国人口虽然较多，但城市化水平高，广大农村依然人烟稀少。

（4）高度发达的工业。美国发达的工业为农业生产提供了现代化的农业机械，以及电力、化肥、农药等。现在，这里谷物生产的各个环节，都由机械作业。农业机械向大型、宽幅、高速、联合作业方向发展。有的农场播种、施肥、喷洒农药等，还使用飞机作业。农业机械化大大缓解了美国人少地多的矛盾。

（5）先进的科技。美国政府为促进农业的发展,在全国建立起一个庞大的农业科技研究和推广系统,免费向农场主提供最新的农业科技成果,提高了商品谷物农业的科技含量和市场竞争力。

由此看来,美国的商品谷物农业是典型的高投入、高产出的代表。生产资料投入和科技投入都很高,充分体现了现代农业劳动效率高、商品率高的特点。

 **思考**

1. 把美国商品谷物农业的形成条件和特点与亚洲季风区水稻种植业做一比较,分析二者最大的差异是什么?

2. 黑龙江省作为我国最大的商品粮生产基地,为保障我国粮食安全做出了重要贡献。试分析黑龙江省能成为我国最大商品粮基地的原因包括(    )。

①耕地面积广阔　　②水热充足　　③土壤肥沃　　④劳动力丰富
A. ①③　　　　　B. ①④　　　　　C. ②③　　　　　D. ②④

## （二）以畜牧业为主的农业地域类型

### 1. 大牧场放牧业

大牧场放牧业是一种进行大规模商品畜牧业生产的农业地域类型。这种农业主要分布于美国、澳大利亚、新西兰、阿根廷、南非等国的干旱、半干旱气候区,这些地区地广人稀,地表以草原植被为主,只能用于放牧牲畜,因而形成广袤的大牧场放牧业。在美国、阿根廷的大牧场上,牧牛占重要地位;在澳大利亚、新西兰、南非的大牧场上,养羊占重要地位。大牧场放牧业具有生产规模大、商品率高、经济效益好和专业化程度高的特点。

大牧场放牧业

案 **5** 例

#### 潘帕斯草原的大牧场放牧业

阿根廷潘帕斯草原上的牧牛业是世界杰出的大牧场放牧业的代表。潘帕斯草原气候温和、草类茂盛,是世界上优良的天然草场之一。地广人稀,而且土地租金很低,为牧场的大规模经营提供了可能;距海港近的区位优势,促进了牧场的商品性经营(图7.15)。

阿根廷由于地广人稀,所产牛肉主要供出口。铁路的贯通,便于把肉牛运到港口城市屠宰加工后外运;海上冷冻船的发明,使潘帕斯牛肉的市场扩展到欧洲。为了保证潘帕斯牧牛业的发展,阿根廷人一方面采取围栏放牧、划区轮牧、种植饲料、打机井保证人畜饮水和牧草生长用水等措施使牧场不退化;另一方面培育良种牛,加强对牛群病虫害的监控和研究。

由此可见,阿根廷潘帕斯草原的大牧场放牧业不仅得益于优越的自然条件,而且得益于阿根廷人创造性的劳动。如今,潘帕斯畜牧业商品化、专业化、地域化程度都很高,已成为大牧场放牧业的典型。

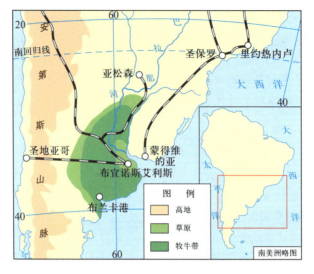

潘帕斯草原

图 7.15 潘帕斯草原牧牛业的分布

 **活 动**

分组讨论：

1. 大牧场放牧业中牧羊业占重要地位的国家有哪些？世界著名的大牧场放牧业有哪些共同的特点？

2. 阿根廷为了发展大牧场牧牛业主要做了哪些工作？有哪些经验可供我国内蒙古、新疆等广大牧区借鉴？

### 2. 乳畜业

乳畜业是面向城市市场的畜牧业地域类型。其生产对象主要是奶牛（图 7.16），产品是牛奶及其制品，如奶粉、黄油和奶酪。世界乳畜业比较发达的地区主要是北美洲五大湖周围地区、西欧、中欧，以及澳大利亚和新西兰等地。我国北京、上海等大城市周围也发展了乳畜业。

图 7.16 法国某奶牛场

### 西欧的乳畜业

　　西欧平原广阔，气候温凉、潮湿，多雨多雾，日照少，很适宜多汁牧草的生长，这为乳畜业的发展提供了优越的自然条件。另一方面，西欧经济发达，城市化水平高，人们有饮用牛奶的习惯，乳产品是当地人餐桌上的重要食品，因而他们发展乳畜业的愿望强烈，称牧草为"绿色金子"。

　　影响乳畜业发展的因素，一是市场，二是饲料。就市场因素看，城市需要大量的新鲜牛奶及其制品；受牛奶运输技术的影响，以生产牛奶为主的乳畜业位于大城市周边，而生产乳制品的乳畜业则离城市较远。就饲料因素看，乳牛既需要多汁的青饲料，也需要含蛋白质较高的精饲料，因而，西欧乳畜业地区既种植优质牧草，也种植精饲料作物。另外，西欧乳畜业机械化程度比较高，从牧草及饲料作物的耕种到挤奶工作，都采用现代化机械，这大大缓解了当地劳动力短缺的问题。

 **活动**

　　1. 从幼儿园小朋友喜欢喝奶、吃奶油蛋糕说起，谈谈在城市周围发展乳畜业的重要性和必要性。

　　2. 设计一节幼儿园大班科学领域活动方案——认识家乡的农作物。通过活动让幼儿认识家乡的主要农作物品种，初步了解种植农作物的基本过程及农作物与人类生活的密切关系，懂得爱惜粮食，尊重劳动人民。

测一测

## 阅读材料　特色农业模式：致富的"金钥匙"

　　近年来，发展特色农业致富的案例比比皆是！特色农业已经成为农业致富的突破口。

　　特色农业就是将区域内独特的农业资源开发成区域内特有的名优产品，转化为特色商品的现代农业。特色农业的关键之点就在于"特"。

### 我国十大特色农业模式

　　调研发现，特色农业不仅仅是一个农业模式，更是农业产业体系，已经横跨一、二、三产业，并形成了自己的特色和形式。其中，下面十大特色农业模式比较具有代表性。

　　一、彩色农业

　　彩色农业有四种说法：一是种植非单一颜色的农作物的农业类型，比如花卉和园艺业生产部门所生产出的产品；二是可直接生产出不同颜色的同一作物，如棉花现在可以生产除了白色之外的其他颜色；三是指具有多种颜色农作物组合而成的新型现代农业；四是指使用不同颜色覆膜的农业类型（图7.17）。

什么是现代农业

图 7.17　彩色农业

二、立体农业

立体农业主要是在南方丘陵地区,根据地势分布形成不同的种植区域,林业占了立体农业的一半以上(图 7.18)。

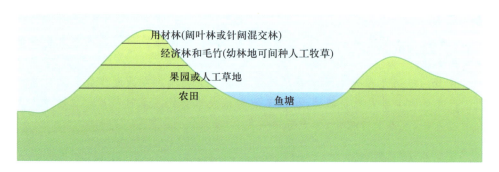

图 7.18　立体农业示意

三、鱼菜共生农业

鱼菜共生农业是一种复合式的农业,把蔬菜种植和水产养殖结合在一起,从而实现"养鱼不换水而无水质忧患,种菜不施肥而正常成长"的生态共生效应(图 7.19)。

图 7.19　鱼菜共生农业

四、观光农业

观光农业是一种以农业和农村为载体的新型生态旅游业。观光农业如今发展得如火如荼,农家乐等模式成为农民另一种致富之道。尤其现在城市中人们生活水平提高,人们对生活环境的要求越来越高,观光农业将农业和旅游相结合,让人们体验劳动的同时享受休闲娱乐(图7.20)。

五、互联网农业

如今互联网农业是大势所趋,尤其农村电商的蓬勃兴起更是将互联网带进千家万户(图7.21)。

图 7.20 观光农业

图 7.21 互联网农业示意

六、精准农业

精准农业是由信息技术支持,定时、定量地对农业实施监测管理的现代农业模式。它包括卫星定位、农田信息采集系统、农田遥感监测系统、农田地理信息系统、农业专家系统、智能化农机具系统、环境监测系统、系统集成、网络化管理系统和培训系统(图7.22)。

七、设施农业

设施农业是用工程技术手段对动植物生长进行干预生产的一种模式,设施农业涵盖设施种植、设施养殖和设施食用菌等。

图 7.22 精准农业

2012年我国设施农业面积已占世界总面积85％以上,其中95％以上是利用聚烯烃温室大棚膜覆盖。我国设施农业已经成为世界上最大面积利用太阳能的工程,绝对数量优势使我国设施农业进入量变质变转化期,技术水平越来越接近世界先进水平(图7.23)。

八、工厂化农业

工厂化农业是采用高科技手段进行的全面机械化、自动化的生产活动,能够在人工创造的环境中进行全过程的连续作业,从而摆脱自然界的制约(图7.24)。

九、坝子农业

坝子农业是指云贵高原上人们依托"地无三里平"的山间小盆地而发展的农业模式。云南省约有1 100多个坝子,坝子的耕地占全省耕地面积的三分之一以上,贵州省的坝子约占耕地的四分之一(图7.25)。

图 7.23 设施农业

图 7.24 工厂化农业

图 7.25 坝子农业

十、基塘农业

基塘农业是南方珠江三角洲地区的特色农业,主要包括桑(桑树)基鱼塘、蔗(甘蔗)基鱼塘、果(水果)基鱼塘等类型。在南方有很多地势低洼的地方,容易储存雨水,农民朋友在里面种植农作物或养殖鱼类,形成特色的基塘农业(图 7.26)。

图 7.26　基塘农业

(资料来源于网络,内容有删改)

## 【本章小结】

农业是国民经济的基本生产部门,它为人类提供吃、穿、用的物质资料,也为工业等其他产业提供大量的原材料和市场。影响农业的区位因素包括自然因素、社会经济因素和科学技术因素等,农业的区位选择必须综合考虑这些因素,做到因地制宜、因时制宜,充分合理地利用农业土地,使农业生产得到良好发展。世界各地自然条件和经济技术条件的千差万别,导致不同农业地域类型的形成。

## 【参考文献】

[1] 课程教材研究所/地理课程教材研究开发中心. 普通高中课程标准实验教科书:地理(必修 2)[M]. 北京:人民教育出版社,2008.

[2] 人民教育出版社地理社会室. 幼儿师范学校教科书(试用本):地理全一册[M]. 北京:人民教育出版社,1999.

[3] 王朝银. 步步高 高考总复习地理[M]. 哈尔滨:黑龙江教育出版社,2007.

[4] 课程教材研究所/地理课程教材研究开发中心. 普通高中教科书地理必修第二

册[M].北京:人民教育出版社.2019.

　　[5]王民.普通高中教科书地理必修第二册[M].北京:中国地图出版社.2019.

　　[6]朱翔,刘新民.普通高中地理课程标准实验教科书地理必修 2[M].长沙:湖南教育出版社.2019.

　　[7]许智宏.中国农业的发展现状及未来趋势[J/OL].中国科学报.2020-09-29.

# 第八章　工业区位与工业地域类型

同学,你理解"工业是国民经济的主导"这句话的深刻含义吗? 你知道自己所使用的每一样工业品都产自哪里吗? 工业不仅与我们的生产和生活息息相关,同时还是各行各业发展的根本保证,工业的现代化程度和规模决定着整个国民经济的面貌,在国民经济中起着主导作用。与农业相比,工业生产除场地和水源外,对自然条件的依赖不大,这使工业生产具有地域上的灵活性和季节上的连续性,因此,工业生产在区位选择上要复杂得多。工业地域的形成在一定程度上说明了这种复杂性。

## 【学习目标】

通过对本章的学习,应实现以下目标:

1. 了解影响工业生产的主要区位因素。
2. 掌握工业区位选择的方法。
3. 理解工业区位因素的发展变化趋势。
4. 了解传统工业区的特点及改造措施。
5. 了解新工业区的兴起和特点。

# 第一节　工业区位因素及其变化

**课前活动**

［热点评议］

电解铝业是高耗能、高污染产业。近年来,我国新建电解铝产能主要分布在西北地区。有人认为,我国电解铝业西移是大势所趋。这种说法对吗? 西北地区大规模发展电解铝业依赖的优势条件是什么? 西北地区电解铝厂选址的时候要不要考虑远离绿洲呢?

工业是在农业发展基础上出现的产业部门,是开采自然资源(如煤炭、石油),以及对采掘品和农产品进行加工、再加工的物质生产部门。任何一个工业项目总会落实到一个地区或一个地点,工业区位是指工业企业的经济地理位置,以及工业企业在生产过程中与相关事物的联系。进行工业生产,首先要考虑厂址的区位选择。

## 一、影响工业的主要区位因素

影响工业的区位因素很多,主要有:土地、水源、原料、动力(燃料)、劳动力、市场、交通运输、环境、科技、政策等(图 8.1)。从经济效益考虑,工厂应当选择在具有明显优势条件的地方,也就是花费生产成本最低而获得利润最高的地方。但不同的工业部门,区位选择时需要考虑的主导因素各不相同。

工业区位论

图 8.1　工业的主要区位因素

由图 8.1 可知,影响工业的区位因素包括自然因素、社会经济因素和科学技术三方面。在诸多因素中,综合来看,运费、劳动力费用和集聚效应是影响工业区位的三大主要因素。由于影响各工业部门的主导因素不同,工业区位导向也不一样。根据影响成本的主导因素不同,工业区位选择可以分为不同的导向型,如原料导向型工业、市场导向型工业、动力导向型工业、劳动力导向型工业、技术导向型工业等。

### 1. 运费对工业区位的影响

在工业生产过程中,原料和燃料的运入、产品的运出,都需要交通运输。运输成本在很大程度上决定着工厂的生产效益和经济效益,减少运输费用可降低生产成本,提高产品在市场上的竞争力(图 8.2)。

运费对工业区位的影响

原料导向型工业是指原料不便于长途运输或运输原料成本较高的工业。例如制糖工业、水产品加工业、水果罐头加工业等,这类工业应接近原料地。

甘蔗

(a)

市场导向型工业是指产品不便于长途运输或运输产品成本较高的工业。例如啤酒制造业、家具制造业等,这类工业应接近市场。

市场

(b)

动力导向型工业是指需要消耗大量能量的工业。例如电解铝工业等,这类工业应接近电厂或水电站。

电厂

(c)

图 8.2　运费对工业区位的影响

### 2. 劳动力费用对工业区位的影响

劳动力对工业区位的影响主要体现在三方面:一是劳动力的数量;二是劳动力的价

格;三是劳动者的素质。工业接近劳动力费用低廉或高素质劳动者集中地区也可降低生产成本(图 8.3)。

劳动力导向型工业是指需要投入大量劳动力的工业。例如服装工业、电子装配工业等。这类工业应接近具有大量廉价劳动力的地方。

(a)

技术导向型工业是指技术要求高的工业。例如飞机、集成电路、精密仪表等工业,这类工业应接近高等教育和科技发达地区。

(b)

图 8.3 劳动力费用对工业区位的影响

 **活 动**

根据影响工业发展的主要区位因素,将下列工业部门与其区位的主导因素用直线连接起来:

| 甘蔗制糖厂 | 廉价劳动力 |
| 面包厂 | 发达的科技 |
| 有色金属冶炼厂 | 原料 |
| 制鞋厂 | 动力 |
| 电子计算机制造 | 市场 |

### 3. 集聚效应对工业区位的影响

集聚效应指具有一定协作关系的企业或生产上没有联系的企业,在地域上集聚在一起,共同分享公共基础设施、专业化劳动力、信息传递网络、销售市场等资源。相关企业的集聚,不仅可充分利用资源,降低运输费用,减少能耗和交易开支,加强技术协作和信息沟通,促进集成创新,进而增强企业的竞争力,同时还可集中处理工业排放的废弃物。所以,随着工业生产的可移动性和灵活性的增强,企业选址越来越趋向集聚。

### 4. 其他因素对工业区位的影响

政策也是影响工业区位的重要因素。在优惠政策的影响下,用地、交通、基础设施等区位因素都会向着有利于投资办厂的方向变化。例如,20世纪80年代我国实行改革开放政策,在沿海设立了深圳、珠海、汕头、厦门等经济特区(图8.4);21世纪以来,国家为缩小东西部地区经济发展的差距,促进区域经济协调发展,加大了对西部地区工业发展的支持力度。

图8.4　深圳经济特区

另外,企业决策者的理念和心理因素,有时也会成为工业区位选择的主导因素。例如,大批华侨和海外华人在家乡投资办厂就有乡土情感方面的因素。

影响工业区位的因素很多,不同的工业部门,其生产过程和生产特点不同,生产投入的要素不同,生产成本的构成也就不一样。因此,区位选择时需要考虑的主导因素各不相同。总的来说,工业区位选择应该选具有明显区位优势的地方。

## 思　考

1. 某企业的生产成本构成——工资15％、燃料52％、产品运费21％、其他12％,其选址主要考虑的区位因素是什么? 这类企业属于什么导向型企业?

2. 某企业是为多个世界著名手机品牌代工生产,进行产品组装的企业之一,多年来该企业大量在我国中西部以及印度和越南投资建厂,他们主要考虑的区位条件是什么?

3. 根据各工业部门的主导因素不同,具有不同的区位指向,完成下列填空:

(1)石油开采业属于(　　)导向型工业,而石油加工业属于(　　)导向型工业;

(2)电子装配工业属于(　　)导向型工业,而电子工业属于(　　)导向型工业;

(3)家具厂属于(　　)导向型工业,吉林省白山市家具厂为(　　)导向型工业;

(4)普通服装属于(　　)导向型工业,而高级时装属于(　　)导向型工业。

## 二、工业区位因素的发展变化

影响工业的区位因素并不是一成不变的,随着社会经济的发展,市场需求的变化,科学技术水平的提高,工业区位因素以及各因素所起的作用在不断发生变化。

华为工业4.0
智能工厂

### 1. 科技进步对工业区位选择的影响力日益增强

近年来,科学技术进步很快,科技因素对工业选择的影响日益增强。例如,信息通信网络的通达性作为工业区位因素的重要性越来越突出;由于交通条件改善和运输能力提高,一些原料导向型工业,降低了对原料、动力等区位因素的依赖程度;在工业生产机械化、自动化不断解放体力劳动的同时,工业对劳动力技能的需求也在逐渐增加,具有较高素质劳动力的地区往往更能吸引工业企业。

## 阅读

### 信息化与工业区位

新一代信息技术与加工制造业的深度融合,使得信息化水平对工业区位选择的影响越来越大。一些对技术水平要求高的企业,需要及时获得技术信息,并与专业科研机构合作,因此会选择科技发达、信息富集的区位,以确保产品具有强劲的市场竞争力。传统工业企业需要及时了解原材料行情,尤其是市场需求变化和产品销售情况,同类产业和相关产业的公司在区域内集聚,共同构筑科技和信息平台,可加强知识交流和信息合作,有利于技术创新。

### 2. 环境生态因素对工业区位的影响日益增大

工业4.0

许多工厂在生产过程中会排放出大量的废水、废气和废渣,对环境造成严重的污染,影响居民身体健康。随着经济社会的发展,尤其是居民生活质量的提升,各个地区和城市都提出了更高的环境保护要求,对污染企业进行更为严格的控制。一些重要风景区和自然保护区严禁发展工业;一些污染严重的工业,区位选择时要非常慎重(图8.5),尽量避免或减少对周围环境的污染。而对环境十分敏感的一些高新技术及食品等企业,则要以优质环境为区位选择的主导因素,如电子工业需要清洁的环境,酿酒业需要优质的水源。

碳达峰和碳中和

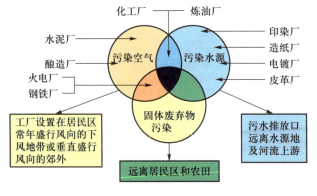

图8.5 污染严重工业的区位选择

总之,工业区位选择是一项复杂的工作,它既要注意经济效益,还要注意社会效益和生态效益,要努力使工业区位决策做到科学、合理,促进人地关系的协调统一发展。

**思考**

1. 某城市将建钢铁厂、印染厂、自来水厂和食品厂,图8.6中的A、B、C、D四处可供选址,该地盛行西南风,据此读图并回答问题。

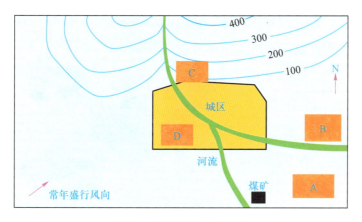

测一测

图8.6 某城市的工业布局

在A、B、C、D四处中:

(1) 钢铁厂宜选址于_____,理由是_____;

(2) 印染厂宜选址于_____,理由是_____;

(3) 自来水厂宜选址于_____,理由是_____;

(4) 食品厂宜选址于_____,理由是_____。

2. 近些年来,淮河流域关闭了大批污染严重的小型造纸厂,对改善淮河水质起到重要作用。但也有人认为,这给当地的经济社会发展造成了很大损失。对此,你怎么看? 说出你的理由。

# 第二节　工业地域的形成及类型

 **课前活动**

[热点评议]

在IT界享有"无论你在哪里下订单,都在东莞制造"美誉的广东省东莞市,在全球电子制造业中的地位举足轻重,世界上95%的IT产品都可以在这里配齐。排名全球500强的电子企业中,有数十家都在东莞建立了自己的生产基地,如通用电器、施乐、杜邦等。目前东莞直辖的32个镇区,"镇""镇"都有宝;仅石碣镇这个36平方千米的小镇上,就聚集了近500家电子企业,产业集聚、产业配套优势造就了电子产业集群。

讨论:你知道电子通信企业为什么会在这里集聚吗? 这种集聚会形成什么工业地域?

## 一、工业联系与工业集聚

工业联系与工业集聚

### 1. 工业联系

工业生产是一个复杂的过程,任何一件工业产品都是经过多道工序或多个工厂才生产出来的。所以,工厂内各加工环节之间、工厂之间、企业与其他工业部门之间就存在生产协作上的联系,工业联系的内容和形式是多种多样的,如图 8.7 所示。

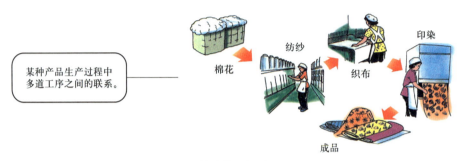

（a）布的生产过程

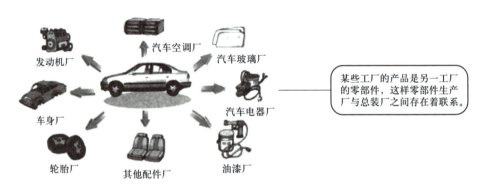

（b）汽车生产过程

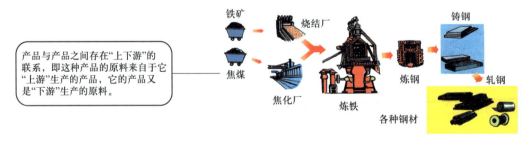

（c）钢铁工业生产过程

有些工厂即使没有工序上的联系，但为了共同利用工业区内的道路、供水、供电、通信等基础设施以及其他生产、生活服务设施，或者共同利用当地廉价的劳动力，于是布局在同一个工业区内，也会形成空间利用上的工业联系。

(d) 上海工业区

为了准确把握市场动态，及时获得技术创新的信息，共享信息资源，许多企业也布局在一起，相互间存在科技与信息上的联系。

(e) 北京中关村科技园区

图 8.7　工业联系的主要方式

### 2. 工业集聚与工业地域

具有工业联系的一些工厂往往近距离地聚集起来，形成工业集聚现象。

工业集聚可以加强企业间的信息交流和技术协作，共同利用基础设施，节约生产建设投资，降低中间产品的运输费用和能源消耗，进而降低生产成本，最终扩大总体生产能力，提高生产效率和利润，取得规模效益。这就是工业企业青睐工业区、开发区、高科技园区的道理。

产业集群

在传统的大批量标准化产品的生产过程中，协作工厂往往集聚在专业工厂的附近，形成专业化的生产集聚地域，如德国的鲁尔区。在新的小批量定制产品的生产过程中，主要的协作工厂也需要在地理上靠近，并接近用户，及时反馈信息，这样就形成了新工业区，如意大利中部和东北部工业区。20 世纪 90 年代以来世界发达国家和地区的经济，主要集中在技术密集的专业化工业集聚区域内。

工业布局不是愈集中愈好

但是，如果工业部门过分集中，就会出现用地紧张、水电供应不足、交通拥堵以及原料、燃料困难等问题，工业也会出现分散的趋势。

### 3. 工业分散与地域联系

为了充分发挥不同地方的区位优势，有些产品的生产链分散在世界上的不同地方。因此，在工业集聚的同时，也有一些工厂在分布上却出现了工业分散现象，引发了工业的地域联系，从而使工业联系在地域上不仅跨地区，甚至跨国，形成跨地区、跨国的网络企业。现代化的交通运输方式和通信技术为工业的地域联系提供了强有力的支持，使一个跨国企业设在世界各地的各部门之间的信息交流就如同在一座办公楼里一样方便和快捷。

　　例如,波音飞机全球化的策略就是在全球的每个国家都提供最好的产品和服务,飞机的零部件是由 70 多个国家生产提供的,公司通过计算机网络系统与其 400 多家供应商通过准确及时的信息交换形成密切的战略伙伴关系。

 **思考**

　　读材料回答问题:

　　材料一　钢铁工业属初步加工业,其生产过程复杂,原料、燃料用量巨大,生产规模庞大,占地多,需劳动力多,工种多,产品种类多,运输量大。在生产过程中,需一系列相关工厂与之接近,如烧结厂、焦化厂、轧钢厂及煤、水、电供应系统,基于这些特点,其工业集聚规模庞大,形成了典型的工业集聚效应。如武汉钢铁工业区。

　　材料二　依托北京市众多知名的高等院校和科研院所,中关村科技园区的技术创新体系逐步完善。多年来,中关村科技园区在机制体制创新方面取得了新的突破。以清华科技园为代表的大学科技园,成为产学研有效结合的集聚区。新建了一批国家级重点实验室、国家级工程研发中心、技术孵化器、公共技术支撑平台。入驻园区的跨国公司研发中心已达 65 家,涵盖计算机、软件、通信、医药、新材料等。

　　(1) 根据材料分析,武钢工业区和中关村科技园的工业集聚涉及哪些不同的工业联系?

　　(2) 武钢工业区和中关村科技园的工业集聚分别有哪些优势?

## 二、工业地域类型

　　工业因联系而集聚,因集聚而形成工业地域。由于工业地域形成的原因和发展水平各不相同,从而形成不同规模和不同类型的工业地域。

　　世界上广泛分布着由工业生产部门集聚而成的工业地域,如西欧工业区域、北美工业区域、东亚工业区域等。按照工业区的组合性质,大致可以分为传统工业区和新工业区。不同类型的工业区具有不同的特点。

### 1. 传统工业区

　　传统工业区一般是在丰富的煤、铁资源基础上,以煤炭、钢铁、机械、纺织、化工等传统工业为主,以大型工业企业为轴心逐渐发展起来的、历史较长的工业地域,如德国鲁尔区、美国东北部工业区、我国辽中南工业区等。传统工业区曾在世界各国工业发展过程中做出过重要贡献,但在 20 世纪 50 年代,尤其是 70 年代以来,传统工业区经济开始走向衰落,许多国家都重新在传统工业区实施了漫长的综合整治和改造工程。

## 德国鲁尔工业区

　　鲁尔区是典型的传统工业地域,它兴起于 19 世纪中叶,已有一百多年历史,被称为

"德国工业的心脏"(图 8.8)。鲁尔区位于德国中西部,地处欧洲的十字路口,在欧洲经济最发达的区域内,邻近法国、荷兰、比利时、丹麦、瑞典等国的工业区。鲁尔区形成和发展依托的区位优势有:

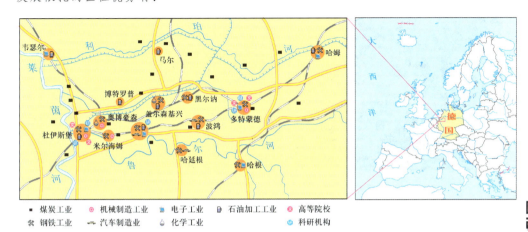

图 8.8 德国鲁尔工业区

• 丰富的煤炭资源。鲁尔区是在鲁尔煤田基础上发展起来的,鲁尔煤田是优质煤田,储量丰富,开采条件好(图 8.9)。

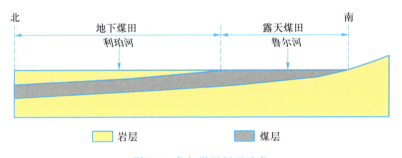

图 8.9 鲁尔煤田剖面示意

• 离铁矿区较近。虽然鲁尔区铁矿缺乏,但其西南部靠近法国著名的洛林铁矿。

• 充沛的水源。鲁尔区位于莱茵河、鲁尔河、利珀河之间,加上支流及人工运河,河网密布,淡水充足。

• 便捷的水陆交通。莱茵河及其三条支流与四条人工运河相互沟通,形成区内完整的内河运输网络。并通过莱茵河口的鹿特丹港与海外联系。鲁尔区有德国最稠密的铁路网,区内的高速公路也交织成网,任何地点距离高速公路不超过 6 千米。

• 广阔的市场。德国以及西欧发达的工业,为鲁尔区工业生产提供了广阔的市场。

过去的鲁尔区工业生产长期局限于煤炭、钢铁、电力、机械、化工五大传统工业部门。20 世纪 50 年代以后,随着石油和天然气的广泛使用,新技术革命的冲击,加之传统工业对环境的污染比较严重等原因,鲁尔区在经历了一个多世纪的繁荣之后,经济开始衰落,其中以煤炭工业和钢铁工业的衰落最为明显。

20 世纪 60 年代,鲁尔区开始实施综合整治:发展新兴工业和第三产业;调整工业结构与布局;拓展交通,完善交通网;发展科技;优化环境等。经过综合整治,现在的鲁尔区环境优美、经济结构趋于协调,工业布局趋于合理,经济由衰落转向繁荣(图8.10)。

我国辽中南工业基地

图 8.10    鲁尔区某矿区的环境整治

## 活 动

1. 讨论鲁尔区实施综合整治的措施中,哪些经验可供我国辽中南工业基地借鉴?

2. 调查学校附近的一家工厂,了解该厂的原料(或零部件)来源及产品的市场去向,分析这家工厂与哪些工厂(或部门)存在着工业联系?

### 2. 新工业区

20 世纪 50 年代以后,在传统工业区走向衰落的同时,发达国家一些没有传统工业基础的乡村地区,逐渐形成了灵活多变的以中小企业为主的工业地域。例如,意大利东北部和中部地区,德国南部地区,以及美国"硅谷"等。与传统工业区相对应,人们把这些工业地域称为新工业区。

案例2

### 意大利中部和东北部工业区

意大利东北部和中部,原来一直是个以农业为主的地区,但从 20 世纪 50 年代开始,这些地区利用当地以及国内外有利条件(图8.11),迅速发展成为新工业区(图8.12)。

与传统工业区相比,意大利新工业区有以下特点:

• 以中小企业为主,企业雇员一般在 250 人以下。

• 以轻工业为主,如毛纺织、瓷砖等。

• 集中了大量同类和相关企业。生产高度专业化,企业仅从事单一的专业化生产。

• 企业大多分散在城镇,甚至农村,成为"分散型工业化"地区。生产过程分散,或干脆实行家庭包工。

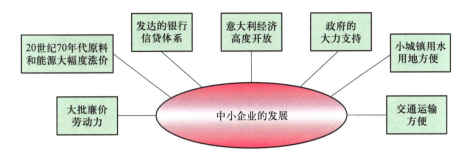

图 8.11 意大利新工业区形成条件

图 8.12 意大利新工业区的分布范围

普拉托：毛纺织
皮亚琴察：自动化设备
帕尔马：食品
蒙特别鲁那：滑雪靴
卡尔皮、摩德纳：针织品
卡尔皮：木工机械
萨索洛：瓷砖
卡拉拉、马萨：大理石产品
阿雷佐：珠宝
博洛尼亚：包装机械
乌迪内：座椅

## 阅读

### 萨索洛工业小区

意大利的新工业区，以中小企业集聚的工业小区为独特的发展模式。萨索洛是意大利众多工业小区之一，20世纪80年代中期，萨索洛地区逐渐形成以瓷砖生产为骨干企业的工业小区。这里集中了世界瓷砖工业生产量的近30％以及出口量的近60％。从图8.13可看出，在萨索洛及周围集聚了很多相关企业和服务性机构，形成一个机构完善、功能齐全的生产—销售—服务网络，它们在独立经营、密切协作的基础上，变成一个实际上比真正大型企业规模还大的巨型联合企业，从而实现了规模经济生产。

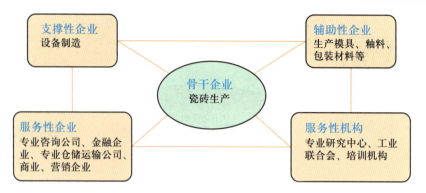

图8.13 萨索洛瓷砖工业小区的生产—销售—服务网络

 **思考**

1. 意大利萨索洛瓷砖生产工业小区的主要特点是什么?
2. 意大利的新工业区对我国乡镇企业的发展有何指导意义?

## 美国"硅谷"

美国"硅谷"是高技术工业发展的先驱和典范(图8.14)。与意大利以轻工业为主的

硅谷

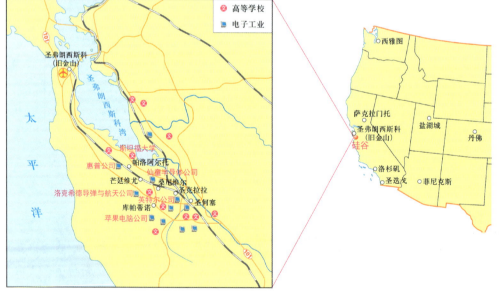

图8.14 美国的"硅谷"

　"硅谷"位于美国旧金山市东南部。1950年,这里还是布满果园和温室的纯农业区,现今已发展成为一个拥有6.5万家公司,250多万人的现代化城市,是美国经济增长最快、最富裕的地区。在低山和海湾之间,各大公司的现代化建筑掩映在田园诗般的恬静气氛之中,被称为公园式的工业区。

新工业区不同,高技术工业通常有以下特点:

- 从业人员具有高水平的知识和技能,其中科学家和工程师占较大比例。
- 增长速度比传统工业快得多,并且处在不断地变化之中,产品更新换代的周期较短。
- 研究开发费用在生产投入中所占的比例较高。
- 产品面向世界市场。

　　美国"硅谷"以微电子工业为主导,集中了数千家电子工业企业,是美国乃至世界电子工业的中心。微电子工业是电子工业的技术基础,因而成为高技术的最高技术。"硅谷"的每一项重要发明,都会影响到全世界电子工业的发展。自 20 世纪 60 年代以来,世界电子工业更新换代的新产品、新技术、新设备、新工艺,几乎都出自"硅谷"。刺激"硅谷"迅速崛起的区位因素主要有以下几方面(图 8.15):

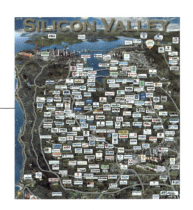

地理位置优越,环境优美。"硅谷"位于旧金山市东南郊,背靠太平洋海岸山脉,面对旧金山湾。

(a)

气候宜人,这里属于地中海气候,温暖湿润,适宜居住。

(b)

交通便捷,"硅谷"邻近旧金山的航空港,高速公路贯穿全境。

(c)

全世界的人才高地。斯坦福大学在"硅谷"崛起的早期起了关键性的作用。如今,"硅谷"集聚了大量的高等院校和科研机构,知识和技术的密集程度居美国首位。

(d)

军事订货,市场稳定。长期以来,美国国防部一直维持着对"硅谷"电子产品稳定的订货,是"硅谷"最大、最稳定的客户。

(e)

测一测

创新环境和创新文化。硅谷文化广泛的包容性及其推崇创业、宽容失败、鼓励冒险的社会文化观念,也极大地激发人们的创新和奋斗精神,为"硅谷"企业注入了强大活力。

(f)

图 8.15　美国硅谷的区位优势

 **活 动**

1. 在学校所在地的城镇地图上,找出当地的主要工厂,试说这些工厂的布局分别受到哪些主导因素的影响?

2. "硅谷"的成功使一些地方模仿"硅谷"模式兴建各类科技园区,规划了大片土地,投入大量资金,出台各种优惠政策。但这些新"硅谷"中有许多失败了,不能带动地方经济的发展。因此,有人说"硅谷"模式是不可以、也是不可能被模仿的。你觉得这种说法对吗?请到当地科技园区了解情况或上网查询各类科技园区的发展现状,提出自己的看法和建议。

## 阅读材料　不失时机推动工业绿色发展

中华人民共和国工业和信息化部 2020 年 8 月公布了过去 5 年我国工业绿色发展成绩单,一项项数据十分亮眼。2016 年至 2019 年,规模以上企业单位工业增加值能耗累计下降超过 15%,相当于节能 4.8 亿吨标准煤,节约能源成本约 4 000 亿元,同期,单位工业增加值二氧化碳排放量累计下降 18%……经过不懈努力,我国制造业不仅为生态环境改善和能源资源节约作出积极贡献,更蹚出了一条破解资源环境瓶颈约束的绿色发展之路,实现了经济效益和环境效益的双赢。

在全球范围内,发展绿色经济已是大势所趋。工业是实体经济的主要载体,实现绿色发展意义重大。从供给侧看,经济发展中不平衡不充分的结构性矛盾,症结在工业、难点在工业、突破点也在工业。当前,以钢铁、水泥等为主的传统高耗能行业在工业中的占比仍然较高,但其对经济的拉动效应正逐渐减弱,只有将先进的绿色工艺技术、管理理念注入传统产业,建立低耗高产的制造体系,才能使之焕发新的活力。从需求侧看,满足人们不断增长的对绿色安全等高品质产品的消费需求,同样离不开工业体系绿色发展水平的提升。大力推动工业绿色发展,才能补上供给能力不足的短板。

近年来,为引导工业绿色发展,我国不断完善相关配套政策,助推工业企业绿色转型驶入快车道,绿色产品供给能力大幅提升。据统计,"十三五"期间,全国累计推广绿色产品近 2 万种,拉动了绿色消费增长。但总体上看,我国工业低水平产能过剩问题仍然突出,产业创新能力有待进一步提高。如今,资源能源利用效率、绿色制造水平已成为衡量国家制造业竞争力的重要因素,在这种背景下,加快制造业绿色转型时不我待,必须着力挖掘绿色增长潜能,培育制造业竞争新优势。

《"十四五"工业绿色发展规划》发布

推动工业绿色发展,要转变观念,辩证看待发展与绿色的关系。对企业来说,设置一条约束能耗、控污减排的红线,可能会在短期内影响经济效益,尤其是新冠肺炎疫情以来,一些工业企业开工率不足,工业增加值增速放缓甚至出现负增长。但以发展的眼光看,全面推行绿色制造,加快转变增长模式,才能为企业开辟新的增长点。例如,投资节能减排设备,长远来看能为企业降低生产成本;上马循环经济项目、变废为宝,可以创造新的市场机遇;践行绿色发展理念,有助于提升企业的品牌价值。贯彻新发展理念,坚持绿色发展方式,工业企业才能在市场竞争中站得稳、行得远。

推动工业绿色发展,要产业联动,借助产业链和工业园区形成合力。应当看到,我国工业绿色转型虽已取得一定成效,但仍处在爬坡过坎的关键阶段,犹如逆水行舟,不进则退。巩固绿色发展成效,挖掘绿色增长空间,不能靠单打独斗,必须协同互助、共同推进。纵向看,龙头企业率先实现绿色转型,有利于带动上下游企业加快绿色发展步伐,推动整个产业链绿色协同发展。横向看,工业园区应充分发挥责任主体作用,管理与服务并重,让绿色制造以园区为轴心向四周辐射。

绿色发展是构建现代化经济体系的必然要求,是解决污染问题的根本之策。回顾过去 5 年,我国工业绿色发展成效显著,有力支撑了经济可持续发展和生态文明建设。面向未来,仍需保持定力、久久为功,加快绿色发展步伐,为工业企业转型升级提供坚实的创新支撑与资源保障。

（资料来源：不失时机推动工业绿色发展[N].人民日报.2020-09-03(05).内容有删改）

## 【本章小结】

工业是国民经济的主导力量,它为国民经济各部门提供先进的技术装备,也为满足人民生活需要提供各种消费品。影响工业选择的区位因素很多,但不同的工业部门,区位选择时需要考虑的主导因素各不相同。运费、劳动力费用和集聚效应是影响工业区位的三大主要因素。随着科技的发展,工业的区位因素也在不断发展变化。工业生产是一个复杂的过程,工厂间彼此存在各种联系,工业联系导致工业聚集,工业集聚促进了不同工业地域类型的形成。

## 【参考文献】

[1] 课程教材研究所/地理课程教材研究开发中心.普通高中课程标准实验教科书:地理(必修2)[M].北京:人民教育出版社,2009.

[2] 王民.普通高中课程标准实验教科书:地理(必修2)[M].北京:中国地图出版社,2007.

[3] 人民教育出版社地理社会室.幼儿师范学校教科书(试用本):地理全一册[M].北京:人民教育出版社,1999.

[4] 课程教材研究所/地理课程教材研究开发中心.普通高中教科书地理必修第二册[M].北京:人民教育出版社.2019.

[5] 朱翔,刘新民.普通高中教科书地理必修第二册[M].长沙:湖南教育出版社.2019.

[6] 韩鑫.不失时机推动工业绿色发展[N].人民日报,2020-09-03(05).

[7] 刘磊,夏勇.战略选择与阶段特征:中国工业化绿色转型的渐进之路[J].经济体制改革.2020(06)

[8] 徐坤 王智.新中国七十年工业化进程中的"中国智慧"[J].广西大学学报.2019(02)

# 第九章　人类活动的地域联系

同学,你乘过车、轮船或者飞机吗? 你与远方的亲友是如何联系的? 是写信呢,还是打电话,或者通过互联网联系? 你是否知道家里的日常用品是如何进入家庭的? ……越来越多样化的交通运输,通信和商业贸易活动不断影响着人类活动的地域联系,在协调世界资源分布、促进区域经济发展、加强人与人之间的交流等方面发挥着巨大的作用。

## 【学习目标】

通过对本章的学习,应实现以下目标:

1. 掌握主要交通运输方式的特点。
2. 学会根据实际需要选择最适合的交通运输方式。
3. 了解交通运输网络的形成。
4. 理解交通运输线和站点区位选择的主要影响因素。
5. 通过阅读材料,了解现代通信和商业贸易。

图片来源:京津高速铁路　普通高中课程标准实验教科书《地理 2(人教版)》2009 年版(京津高速铁路)

# 第一节　交 通 运 输

## 课 前 活 动

[问题探究]

和同学交流一下,面对表 9.1 所示的情况,你会选择哪种交通运输方式? 你选择的时候,考虑了哪些因素?

表 9.1　交通运输方式的选择

| 货物 | 距离 | 运输方式选择 |
| --- | --- | --- |
| 20 千克急救药品 | 北京—乌鲁木齐 | |
| 1 吨鲜牛奶 | 郊区—市区 | |
| 10 000 吨大米 | 武汉—上海 | |
| 1 000 吨钢材 | 鞍山—石家庄 | |
| 100 000 吨铁矿石 | 悉尼—上海 | |

## 一、交通运输的主要方式

交通运输业的
发展历程

交通运输是实现人和物位置移动的主要手段。随着社会的进步,交通运输方式越来越多样化,越来越便捷。人类社会早期,人们靠手提肩扛运送货物,后来,逐渐发展到利用牲畜驮运,当今,交通运输方式已经是五花八门,多种多样,其中,现代化的铁路运输、公路运输、水路运输、航空运输和管道运输是五种最主要的交通运输方式。这五种主要的交通运输方式各有优点和缺点,在社会生产和生活中发挥着不同的作用(表 9.2)。

表 9.2　五种主要交通运输方式的比较

| 方式 | 优点 | 缺点 |
| --- | --- | --- |
| 铁路运输 | 运量大,速度快,运费较低,受自然因素影响小,连续性好 | 修建铁路造价高,消耗金属材料多,占地面积广,短途运输成本高 |
| 公路运输 | 机动灵活,周转速度快,装卸方便,对各种自然条件适应性强,应用最广 | 运量小,耗能多,成本高,运费较贵 |
| 水路运输 | 运量大,投资少,成本低 | 速度慢,灵活性和连续性差,受航道水文状况和气象等自然条件影响大 |
| 航空运输 | 速度快,运输效率高,是最快捷的现代化运输方式 | 运量小,能耗大,运费高,且设备投资大,技术要求严格 |

交通运输的主
要方式

续表

| 方式 | 优点 | 缺点 |
|---|---|---|
| 管道运输 | 运具与线路合二为一。用管道运输货物（主要是原油和成品油、天然气、煤浆以及其他矿浆等），气体不挥发，液体不外流，损耗小，连续性强，平稳安全，管理方便，而且可以昼夜不停地运输，运量很大 | 需要铺设专门管道，设备投资大，灵活性差 |

在很多地区，现代交通运输方式相互联合，各种交通运输线（如铁路、公路、航线）交织、交通运输点（如车站、码头）联结，已经形成了不同形式和层次的交通运输网（图9.1）。

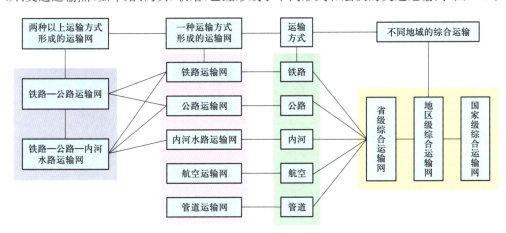

图 9.1　交通运输网的形式和层次

目前，交通运输联系也不再局限于一国之内，国际之间、洲际之间的联系也变得越来越便捷和密切（图9.2和图9.3）。

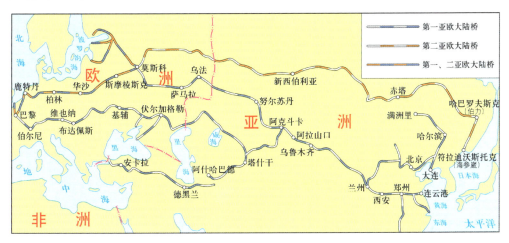

图 9.2　亚欧大陆桥示意图

亚欧大陆桥的队伍在不断壮大

"亚欧大陆桥"包括两条铁路线：一条是西伯利亚大铁路，东起符拉迪沃斯托克，西至莫斯科，是亚欧大陆铁路运输的重要干线；另一条是连云港—鹿特丹铁路，是目前亚欧大陆东西最为便捷的一条通道。

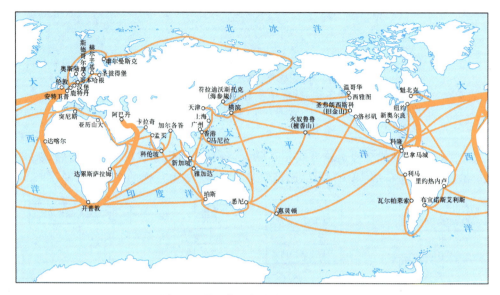

图 9.3 世界主要航海线和主要海港

世界上比较繁忙的航线有四条：北大西洋航线；地中海、苏伊士运河航线；北美洲东岸各港口经巴拿马运河至北美洲西岸各港口的航线；北太平洋航线。

中国综合立体交通运输网络发展蓝图

## 活动

1. 目前，我国铁路客运有很多类型。大家会发现，在购买车票时，车次的前面往往会有一个字母，它代表着铁路客运的类型。你知道表格中车票前字母的含义吗？试着根据你的生活常识，填填看，并说说不同类型的铁路客运在生活中承担的不同作用（表 9.3）。

表 9.3 不同类型铁路客运对比

| 车票前的字母 | 代表类型 | 车速（千米/小时） |
| --- | --- | --- |
| G * * * 次 | 高速动车组列车 | ≥250 |
| D * * * 次 | | |
| Z * * * 次 | | |
| T * * * 次 | | |
| K * * * 次 | | |
| C * * * 次 | | |
| L * * * 次 | | |

中国交通迈向高质量发展新时代

2. 交通运输网的形成使人们出行更加方便，选择也更加灵活。和小组同学共同完成以下的活动：

（1）设置两个城市作为你们小组出行的起止地点，并且设定你们出行的目的。

（2）利用互联网选择两种不同的交通运输方式完成这次出行。

（3）和其他组的同学交流你们的选择。

① 你们利用了哪些网站，获取了哪些信息？

② 你们的出行组合涉及了哪两种交通运输方式？转换点在哪里？

③ 分析一下你们的出行组合有什么优势和劣势？

## 二、当代交通运输的发展趋势

### 1. 发展综合运输

合理利用不同的运输方式,开展联合运输,组成多样化的运输体系,使它们各显其能,充分发挥各自优势。

### 2. 提高运输效率

为提高运输效率,运输向高速化、大型化、专业化方向发展。

高速化体现在提高运输工具的运行速度、增加通过能力等方面。如高速公路、高速铁路的建设,飞机的提速等(图 9.4,图 9.5)。

世界最快的交通工具

图 9.4　中国的高速铁路

至 2020 年底,中国高速铁路运营里程达 3.79 万千米,居世界第一位,时速可达 350 千米/小时。

图 9.5　中国的高速公路

至 2020 年底,中国高速公路通车总里程达到 16.1 万千米,居世界第一位。

当代交通运输的发展趋势

测一测

大型化主要表现为扩大运输工具的装载量,这在船舶方面最为明显。目前世界投入运行的最大油轮已超过 50 万吨级(图 9.6)。

专业化最突出的体现是集装箱运输迅速发展(图 9.7)。

图 9.6　海上巨型油轮

日本于 1980 年建成了世界上最大的运油船舶,其载重量达 56 万吨。

图 9.7　青岛港集装箱码头

世界首条光伏路面

除了高速化、大型化、专业化外,进行跨界融合,增加交通运输线路的附加功能也渐渐成为未来交通运输革命的趋势,如太阳能路面、光伏路面等交通线路均在研发、测试或初步试用阶段。

# 第二节　交通运输的区位选择

## 一、交通运输线的布局

交通运输线包括公路、铁路、航空线、内河航道、海上航线和管道运输线等。虽然交通运输线的类型各不相同,但它们的区位选择都会受到经济、社会、技术和自然等因素的影响和制约。长期以来,自然因素是交通运输线区位选择最重要的因素,但随着现代科技的进步,社会经济因素对交通运输布局的影响变得越来越重要。

### 京沪高铁的建设

京沪高速铁路是我国铁路"四纵四横"快速客运网的重要组成部分(图9.8)。该线路从北京南站到上海虹桥站,全长1 318千米,2011年6月30日全线通车,设有24个车站,运营时速可达350千米,从北京到上海,最快一列只需4小时18分。

• 京沪高铁途经京、津、冀、鲁、苏、皖、沪七个省级行政单位,所经区域占我国国土面积的6.5%。人口占全国的26.7%,人口100万以上城市11个,是中国社会经济发展最活跃的地区之一,客货运输需求旺盛。京沪高铁的开通有利于从根本上缓解铁路运输紧张的状况,实现铁路与其他各种交通运输方式之间优势互补,提高交通运输系统的整体效率。

• 京沪高铁沿线以平原为主,局部为低山丘陵区,由北向南依次经过海河、黄河、淮河、长江四大水系,沿线软土、松软土分布广泛,部分地段软土层较厚,强度低,工程性质差。但是我国多年来围绕高速铁路技术完成400多项科研实验,攻克一系列技术难题,给京沪高铁的建设提供了技术保障。在建设过程中大量使用高架桥梁技术顺利解决沉降控制问题,因此在京沪高铁全线共有高架桥梁238座,隧道22座,总长度达到1 061千米,占全线长度的80.5%。

• 京沪高铁连接环渤海和长江三角洲两大经济区,加快了两地区以及沿线人流、物流、信息流、资金流的流动,促进区域经济社会协调发展。沿线经过泰山、曲阜、微山湖等旅游风景区,带动了旅游、商贸、餐饮等第三产业的快速发展。同时形成"同城效应",催生沿途"一小时或两小时经济圈",缩小了城市、城市群、经济带之间的发展差距,促进了区域间产业转移和合理布局。

由上可以看出,建设京沪高铁最大的意义在于充分带动沿线地区的经济发展。这说明由于科学技术的发展,在现代化铁路建设中,经济、社会因素对铁路区位的影响,已

图 9.8 京沪高铁线路图

经超过自然因素而成为决定性因素。当然,在铁路选线时,自然因素仍很重要,应尽可能利用有利的自然条件,避开不利的自然条件,从而使选出的线路方案既能满足铁路运输能力的要求,又能减少铁路工程量,并便于维修保养。

 ## 活 动

1. 京沪高铁途经了哪些地形区?建设过程中面临的困难主要是什么?如何解决的?

2. 京沪高铁的建设对沿线地区有哪些重大的影响?

## 二、交通运输站点的布局

交通运输站点包括车站、港口和航空港等。交通运输站点在不同的交通运输方式中有着不同的特点和功能。如公路运输量小,汽车行动灵活,停靠非常方便,因此汽车站往往设备比较简单;水运运量大,船舶停靠港口时间长,因此港口往往设备复杂,且拥有自己的服务区,甚至通过铁路、公路、河道等交通运输线路与腹地内的广大地区相联系。

## 上海港的区位特点

上海港是长江三角洲上的一个河口港,可以兼作海港,主要港区沿黄浦江分布(图9.9)。三角洲地势平坦开阔,为港口设备、建筑以及上海市进行合理的平面布置提供了有利条件;长江和黄浦江一方面为港口提供淡水,另一方面保证了船舶入港航道应有的宽度和大量船舶抛锚所需的空间。

图 9.9 上海港位置

但是,三角洲坡度极缓,水流分叉多,致使河道流量分散,来自河流上、中游的泥沙容易淤塞航道。为了维持航道有足够的水深,上海港河道经常进行挖泥船作业,以保证航道畅通。

上海港的经济腹地是中国经济最发达的地区,包括川、渝、鄂、湘、赣、皖、苏、沪等省市。上海港通过长江干支流和铁路、公路同全国各地相连接,集散客货流,这是世界上其他大港所无法比拟的。经济腹地是港口兴衰的重要基础。

上海港以上海市为依托。上海市是我国最大的综合型工业城市和外贸基地,人、财、物的优势对港口的建设和发展具有重要作用。

从上海港的区位特点可以看出,建设港口时要考虑其航行、停泊、筑港等自然条件,以及所连接的腹地、城市等经济和社会条件。

 **思考**

1. 说一说上海港的区位优势。

2. 上海港所处地区属于哪种地貌?这种地貌对建港口有什么优缺点?

3. 选择一条你熟悉的铁路、公路,或一个车站,分析影响它们区位的因素有哪些?哪个因素起主导作用?

测一测

## 第三节　通信和商业贸易

### 一、通信

通信是实现信息传递和传播的主要手段,可以分为邮政通信和电信通信两大部分(图9.10)。

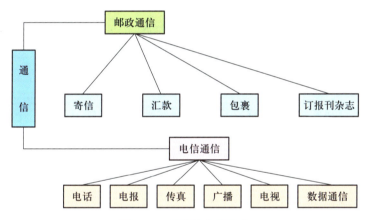

图9.10　通信的主要业务

#### 1. 邮政通信

邮政通信主要是利用交通运输工具和运输网络,以实物传递为基础,通过对文字、图片和实物的空间传递来实现信息的传递。

邮件的传递是由多个邮局共同参与完成的,每个邮局完成整个传递过程的一个阶段,各个阶段相互配合协调。把全国的邮局和各种邮路紧密地联系起来,合理地组成邮政网络,是各国邮政共同的基本组织形式。

组织邮政网络,除邮政自备邮运工具的邮路外,还要综合利用铁路、公路、水路、航空等运输部门的路线,并实行联运。因此,邮政通信也会受到地形障碍以及滑坡、暴雨、泥石流、洪水暴发、台风、冰雪灾害等自然灾害的影响。

随着社会的发展,许多国家的邮政部门利用邮政通信点多、线长、面广的特点进而兼营某些金融业务(如储蓄业务、保险业务),以及一些代理业务(如代收税款、代发养老金)等。

### 2. 电信通信

信息高速公路

电信通信主要是利用有线电、无线电、光等电磁系统,传递符号、文字、图像或语言等信息。

由于电信通信要通过电波传输信息,地形障碍可能导致电波发生反射、吸收等现象,影响通信质量。信息的传输数量与所在地区的人口数量、密度,尤其是社会经济发展水平正相关。因此,电信通信的发展与自然地理环境和社会经济环境有着密切的关系。同时,电信通信的发展,尤其是国际互联网的迅速发展,大大促进了地域之间文化、社会信息交流,不断改变着人们的生产生活方式。

### 思考

联系当地实际,说明电信通信手段的发展和变化,及其对人们生产和生活所带来的影响。

## 二、商业贸易

商业贸易是通过买卖方式,使货物得以流通的经济活动,包括商品的收购、调运、储存、销售等多个环节。在我国,一般对内称商业,对外称贸易。

### 1. 商业中心

人们从事商业活动,需要在一定的地点、一定的场合进行。某个地点进行商业活动的人多了,商品交换的数量、品种多了,就逐渐发展成为市场,称为商业中心。商业中心既包括担负一定区域内商业活动中心职能的城市,称为商业城市;也包括一个城市内部商业活动集中的地区,称为城市内的商业中心。商业中心是地区和城市经济发展的物资集聚中心和服务中心,是组织工业与农业、城市与乡村、国内与国外商品流通的枢纽。

(1)商业城市的区位选择

影响商业城市区位的主要因素是地理位置,包括自然地理位置和经济地理位置。

• 商业城市一般具有地势平坦、交通便利等易于商品集散的优良的地理位置。

• 商业城市的兴起与其所处的经济地理位置密切相关。例如,天津所依托的港口易淤,冬天冰冻,自然条件远不算优良,但是天津地处华北平原海河水系的出海口,华北平原是它的经济腹地,距离首都北京最近。天津及其港口经过多次大规模的改建和扩建,已经成为我国商品生产的重要基地之一,同时,每年有大量商品在此运往全国各地,成为全国性的商业城市。

商业城市不是一成不变的,随着生产和交通的发展,一个地区的经济地理位置也会发生变化,导致商业城市地位的变化。例如,海运的发展使有些河港城市失去原有的商业地位,如中国扬州的商业地位让位于上海,埃及开罗大部分对外贸易转移到了亚历山大港。

（2）城市内商业中心的区位选择

商业是城市发展的重要标志。在大城市中，往往有多个商业中心，并且多以商业街和商业小区为组织形式。

· 商业街内集中了较多的零售商店，为消费者购物、娱乐以及享受各种服务提供方便。一些商业街以市场最优为原则，建立在城市的几何中心处，商业活动的范围很大；一些商业街以交通最优为原则，建立在市区环路边缘或市区边缘的高速公路沿线（图9.11）。

图 9.11　沈大高速公路边的服装市场
建在沈大高速公路边上的西柳服装市场，吸引了全国各地的服装商来这里经商。

· 商业小区一般多由粮店、小型综合商店、副食杂货店和摊点等多种营业点组成。商业小区建在居民住宅区内，一般选择在小区内部交通的道路两侧或小区出入口处。可以经常、大量地为消费者提供日常生活必需品和劳务服务。

**2. 商业网点**

由于商业活动需要，商业企业、仓库、交通工具、交通运输线路等点和线相互联系便组成了商业网。商业网的密度和组织形式，要受到自然、社会、经济和技术等因素的制约。

（1）商业网点的密度

在一定生产水平下，自然、社会、经济等因素均影响、制约着商业网点的分布范围。例如，在崎岖的山岭、寒冷的高原等自然环境相对恶劣的地区，人口稀少，交通闭塞，商品流通难，尤其是区际商品流通很难建立和发展，商业网难以伸展到那里。因此，山区的商业网点要少于平原地区（图9.12，图9.13）

（2）商业网点的组织形式

人口稀少的地区，无法设置过密的固定商业网点，应当更多采用流动服务的灵活组织形式，像货郎担、大篷车等，以方便群众买卖；人口密集、交通方便的地区，商业网点设置则可以采用相应规模的固定形式，例如，商业街、商业小区等。

电子计算机等新技术在商业活动中的应用和推广，使商业网点的组织形式发生了新的变化。例如，在很多国家，人们可以采取电视和网上购物的办法，不必走出家门；在街头、巷尾广泛分布着无人自动售货机，便于人们消费。

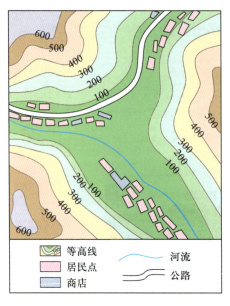

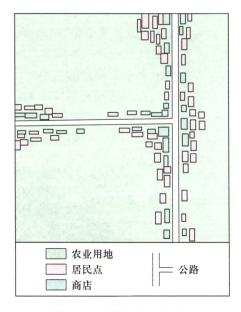

图 9.12　山区商业网点示意　　　　　　图 9.13　平原商业网点示意

### 3. 国际贸易的基本格局

国际贸易是指国家与国家之间的商品、劳务和其他生产要素通过国际市场进行的交换和交易活动。

国际贸易在不断发展。但是,发达国家与发展中国家相比,其贸易品种和数量都有很大的不同。

· 发达国家工业基础雄厚,主要出口工业制成品,小麦、玉米和畜产品等少数几种农产品,以及资本和技术;进口大量燃料和原材料。近年来,随着科学技术的发展和发达国家对高科技领域产品开发的重视,高技术产品进出口增长率高于其他制成品,占市场比重日趋增加,成为推动世界贸易发展的主要动力。

· 发展中国家工业基础比较薄弱,主要出口农矿产品等初级产品,例如橡胶、油棕、咖啡等热带农产品,铁、铜、石油、铝土矿等矿产品。20 世纪 70 年代以来,许多发展中国家加快了工业化的步伐,经济得到了飞速发展,外贸出口商品构成也发生了很大变化。

可以看出,在国际贸易中,广大的发展中国家,特别是第二次世界大战后,由原来的殖民地附属国独立的一些国家,因本国民族工业落后,经济仍未摆脱对外国资本的依赖,所以出口商品比较单一,以传统农矿产品和初级产品为主,在世界贸易格局中处于不利地位。而发达国家以低价从发展中国家买进所需的燃料、原料等农矿产品,出口价格较高的工业制成品,在世界贸易格局中处于优势地位。为了改变发达国家和发展中国家之间存在的种种不平等的关系,发展中国家之间应加强"南南合作",发展中国家与发达国家之间应进行"南北对话",通过谈判改革国际经济旧秩序,建立国际经济新秩序,在公平合理、平等互利的基础上发展国际贸易,推动世界经济发展。

自由贸易区

## 阅读材料　京杭大运河与沿岸城市的发展

京杭大运河是我国古代重要的水利工程,北起北京,南至杭州,故称"京杭大运河",其部分航段最早开挖于春秋时期,至元朝全线贯通。隋朝统一后,决定将运河南北段相连,其过程耗费了大量的人力、物力,虽然后期因隋朝统治者的原因,大运河的修建在一定程度上造成了隋朝的灭亡,但是大运河通航后大大增强了中国古代南北物资往来的能力,南方的丝绸、茶叶、糖、竹、木、漆、陶瓷等源源不断运往北方,北方的松木、皮货、煤炭、杂品等也不断由运河南下,为中国古代的经济发展做出了巨大贡献。因此唐末诗人皮日休说:"尽道隋亡为此河,至今千里赖通波。若无水殿龙舟事,共禹论功不较多。"

京杭大运河的开通,极大地带动了沿岸城市的发展,部分周边城市成了大型的物资集散地或交易场所,进而成为繁华的都市,但是随着清末和民国时期铁路的开通和航海技术的发展,大运河的航运逐渐衰落,铁路沿线的城市的整体发展速度迅速超过大运河沿岸的城市。

搜集一些古代大运河沿岸重要城市的兴衰资料,思考一下交通干线的和枢纽的发展对于周边城市而言有何意义?

## 【本章小结】

交通运输、通信和商业贸易等是目前人类活动时地域联系的主要方式。要实现有效的地域联系,就需要选择合适的联系方式。作为交通运输网中的线和点,在对其进行区位选择时,必须要考虑经济、社会、技术和自然等因素的影响和制约。现代交通运输的发展,目的在于提高运输量、缩短运输时间、降低运输成本、保证运输的安全性等。邮政和电信的发展,商业的形成及区位选择也要受自然和经济地理环境的影响和制约。随着国际贸易的发展,人们交易的范围越来越广泛,但各种问题也随之而来,我们应致力于消除各种隔阂和壁垒,推动世界经济健康发展。

## 【参考文献】

[1] 课程教材研究所/地理课程教材研究中心.普通高中教科书:地理(必修第二册)[M].北京:人民教育出版社,2019.

[2] 课程教材研究所/地理课程教材研究中心.普通高中教科书:地理教师教学用书(必修第二册)[M].北京:人民教育出版社,2019.

[3] 王民.普通高中教科书地理必修2[M].北京:中国地图出版社,2019.

# 第十章　人类与地理环境的协调发展

　　幼儿认识地理环境最重要的方式是观察,而他们观察的地理现象有时会和书中所介绍的现象存在矛盾,这种矛盾更多地表现为人类改造自然环境后使其发生了变化,从而与原生地理环境产生了矛盾。认识自然、认识人类和自然协调发展是学前教育中的重要内容。

## 【学习目标】

通过对本章的学习,应实现以下目标:

1. 理解人类和地理环境之间的关系。
2. 了解人地关系思想的主要观点及其演变过程。
3. 了解环境问题的分类及目前主要的全球性环境问题。
4. 掌握环境问题的实质。
5. 理解可持续发展的概念和途径。

# 第一节　人地关系思想的演变

## 课前活动

[幼儿科学]

拿一块巧克力夹心饼干(巧克力在饼干表面),把饼干看作"陆地",把饼干上的巧克力当作"资源",然后把巧克力一个一个从饼干上挑出,观察在这个过程中饼干的变化。

讨论:1."资源"的开采对饼干产生了怎样的影响?

2.如果你需要的"资源"总量超过了你在"陆地"上找到的资源,你会怎么办?

3.当人们在地球表面无节制开采资源时,将会面临哪些问题?

地理环境是人类赖以生存和发展的基础,通常是指环绕人类社会的自然界,也就是自然环境,它包含地貌、气候、水、生物、土壤等五个要素。地理环境各要素对人类的生活和生产直接或间接地产生影响,它们是人类社会存在和发展的物质基础。另一方面,人类的活动也会影响地理环境,使地理环境发生相应的变化。

## 一、人地关系的内涵

人地关系是指人类活动与地理环境之间的相互关系。从图 10.1 中可以看出,人类占据地理环境的一定空间,需要从地理环境中索取各种物质和能量,用于人类的生活和生产活动中;同时人类会将在生活和生产活动中产生的废弃物排放回地理环境中。在这个过程中,人类的活动影响着地理环境,同时地理环境也会把所受的影响反馈给人类社会。

图 10.1　人类和地理环境的关系

## 思考

1.人类向地理环境的索取会对自然资源造成怎样影响?

2.人类向地理环境排放废弃物是否会造成环境污染? 为什么?

3.尝试设计一个幼儿科学实验证明第二题的结论。

## 二、人地关系思想的主要观点及演变

人地关系是人类生存和发展的基本关系。人类对人地关系的认识经历了一个漫长的过程。从某种意义上说,人类生存繁衍的历史,就是人类社会和地理环境相互作用、共同发展、不断变化的历史。从人类在地球上出现至今,人类对人地关系的思考从未停止过。无论是东方文明还是西方文明,对人地关系的思考总是殊途同归。从其核心心理

人地关系思想的主要观点及演变

念上,主要可以分成三种人地关系的思想。

### 1. 地理环境决定论

地理环境决定论认为人类的体质特征、心理特征、民族特性、文化发展、社会进程等都是由地理环境决定的,特别是受气候条件的支配。这种观点在 19 世纪以前受到很大程度的认可,尤其是达尔文的进化论更进一步促使地理环境决定论在同时期有关人地关系思想的研究中取得了优势。

在人类社会早期的采集渔猎时代,生产力水平低下,人类对地理环境的认识存在很大的局限,因此对待自然既依赖又恐惧,甚至在某些民族的发展过程中因此而形成了对某种自然物质或现象的图腾崇拜。而某些文明的消亡又证明了自然环境对当时人类社会的重要影响。

地理环境决定论的代表人物——拉采尔

 **活 动**

收集自然图腾崇拜的资料同大家交流,并分析当时当地盛行这种图腾崇拜的原因,讨论:地理环境决定论对当时的人们产生了哪些影响?

### 2. 人定胜天论

人定胜天论认为人的力量是无比强大的,在人类社会发展过程中,人可以利用自身的力量改变地理环境,最终达到征服自然的目的。

人类进入农业文明后,耕作和灌溉技术有了很大的进步,生产力水平大大提高,开始大规模地开发利用和改造自然。工业革命的到来,促使人类发现或发明了更多开发利用自然的方法,人类利用自然、改造自然的范围和程度进一步扩大。随着生产力的发展,人类思想中征服自然的意识逐渐占据了主导地位,人类进入到无节制地开发自然资源以满足自身发展需要的时期。在大规模开发利用自然资源的基础上,许多国家的经济先后进入到快速发展期,一系列的环境问题也随之出现,并日趋严重。在这一时期,人地关系呈现出不协调的局面,人地矛盾迅速激化。

 **阅 读**

#### 哭泣的月牙泉

"云是沙井,绵历千古,沙不填之。"沙井是月牙泉的古名,千百年来,月牙泉的美景书写着永不干涸的神话。它的美丽不仅因为它是茫茫荒漠中的一眼蓝色,更是因为它特殊的地理位置使它成为敦煌地区水资源多少的一把标尺,是这片沙漠地区人们生存的依赖(图 10.2)。

然而,至 20 世纪末,当人们无节制地利用敦煌地区可贵的水资源时,月牙泉的反应是迅速的,它的水量在急剧减少,水位在急剧下降,附近的沙枣树也因为水源枯竭、人为砍伐而死亡(图 10.3)。沙漠在虎视眈眈地看着这一抹蓝色,似乎在人类的帮助下它最终会成为自己的一员。

月牙泉

图 10.2  曾经美丽的月牙泉

图 10.3  日益枯竭的月牙泉

 **思考**

1. 20 世纪末,月牙泉水源枯竭的主要原因是什么?

2. 近年来,月牙泉的生态环境逐渐好转,查找资料,说说当地政府为了挽救月牙泉采取了哪些措施?

### 3. 人地和谐论

人地和谐论认为人类和地理环境之间是相互影响的关系,一方面人类在开发利用自然的时候应该遵循自然规律,另一方面对已经破坏的地理环境进行优化控制,以恢复地理环境原有的良性状态。

工业革命以来,人类无节制地开发自然资源,对地理环境造成了很大的破坏,随之产生了无以计数的环境污染和生态破坏事件。这些事件唤醒人们开始重新思考人类和地理环境之间的关系,逐步形成了谋求人地协调的"人地和谐论"观点。这种观点的核心是人类具有认识自然、改造自然的能力,地理环境对人类也具有反作用;人类应当与地理环境建立平等友好、互惠共生、和谐互进的关系。

### 中国著名的水利工程

人类发展历史上,水利工程的建设和使用一直占有重要的地位。在世界众多水利工程中,中国著名的水利工程——都江堰水利工程有着它特殊的地位(图 10.4)。这个建于战国,由秦国蜀郡太守李冰及其儿子率众于公元前 256 年左右修建的水利工程,被誉为"世界水利文化的鼻祖",是全世界迄今为

图 10.4  都江堰水利工程

都江堰水利工程原理

止,年代最久、唯一留存、以无坝引水为特征的生态水利工程。它的主体工程包括鱼嘴分水堤、飞沙堰溢洪道和宝瓶口进水口三个部分,每一处的设置都利用了自然形成的地势和水势,最终达到了分水、导流、减沙、灌溉的效果。时至今日,它仍然为成都平原人民的生活和生产发挥着重要的作用。

中国另外一个水利工程同样备受世界瞩目,那就是三峡水电站(图 10.5)。2009年,中国三峡水电站全面完工并投入使用,成为目前世界上规模最大的水电站。然而从三峡水电站筹建之日起,不同的声音就一直存在,移民问题、泥沙沉积问题、生态环境问题、历史遗迹问题等都伴随着三峡水电站的建设和投入使用而被全世界关注。

图 10.5　长江三峡水电站

 **活 动**

1. 查找、丰富都江堰的有关资料,理解都江堰水利工程的工作原理,并分析它在建成 2 000 多年后仍旧可以很好地使用的原因。想想都江堰的建造思想更符合哪一种人地关系思想?

2. 依据以上案例,分析两处水利工程的异同,并从人地关系思想的角度谈谈你对这两处水利工程的看法。

上述三种人地关系思想一直贯穿于人类对人地关系认识的整个过程,它们的形成和影响并没有完全被时间割裂开来,而是始终存在并演变着,只是因为不同生产力水平的制约,不同历史时期的人们对它们的认可程度不尽相同。人与自然和谐相处是社会经济发展到一定阶段的必由之路,是人类总结经验教训后的必然选择。

 **思 考**

制作一份关于人地关系思想演变的表格,包括观点、存在的大致时间、核心思想和人地关系等内容,并观察在人地关系思想演变过程中什么因素起到了决定性的作用。

测一测

| 人地关系思想 | 产生的历史背景 | 核心思想 | 人地关系状况 |
|---|---|---|---|
| 环境决定论 | | | |
| 人定胜天论 | | | |
| 人地和谐论 | | | |

# 第二节　全球性环境问题

 **课 前 活 动**

[世界热点]

2010 年 4 月 20 日晚 10 时左右,美国南部路易斯安那州沿海一个石油钻井平台发生爆炸,致使大量原油泄漏至墨西哥湾海水中,10 天后被石油覆盖的海面高达 9 900 平方千米。这起原油泄漏事故严重影响着墨西哥湾数百种鱼类、鸟类和其他生物的生存。图中满身沾满油污的鹈鹕在水中痛苦地挣扎着,浑浊的眼睛似乎在向自然哭诉人类的行为(图 10.6)。

图 10.6　挣扎的鹈鹕

## 一、全球性的环境问题

环境问题一般是指在人类社会经济活动作用下,环境向不利于人类生存和发展的方向变化而导致的一系列问题。全球性的环境问题主要表现为环境污染和生态破坏。一般来说,发达国家由于高度发达的工业生产,其面临的主要环境问题为环境污染,如大气污染、水体污染、土壤污染等;而发展中国家所面临的主要环境问题是生态破坏,如土地荒漠化、森林毁坏、草场退化等。环境污染和生态破坏之间并不是截然分开的,而是有着密切的关系,环境污染可能导致生态破坏,同时生态破坏也会加重环境污染的程度,并导致环境污染进一步的发展。

工业革命以前,人类开发利用自然资源有限,因此环境污染或生态破坏发生和影响的范围较小。但工业革命以来,随着人类开发利用自然资源程度的逐步加深,环境问题日趋严重。当代的环境问题从范围来看,已经从区域性、小规模向全球性、大规模的方向发展。气候变暖、臭氧层空洞、酸雨、森林锐减、水体污染、土地荒漠化、生物多样性减少、垃圾污染等多种环境问题在全球越来越突出,越来越严重地影响着人类社会的生存和发展。

全球性的环境问题

**活 动**

以小组为单位,选择文中提到的一种全球性环境问题作为本组的研究对象,查找相关资料,并根据资料分析其分布规律、形成原因、危害及目前的解决方案。制作 PPT,和其他小组进行交流。

## "黑色"多瑙河

2000 年 1 月 30 日,多天持续不断的暴雨使罗马尼亚北部一个叫作乌鲁尔的金矿用于储存氰化物废水的水库水位猛涨,最后终于漫过堤坝,向下游冲去。10 万升毒液通过河道迅速流入附近的索莫什河,随后汇入匈牙利的蒂萨河。2 月 11 日,剧毒物质随着蒂萨河的河水滚滚而下,进入南斯拉夫境内,并在 13 日汇入多瑙河,污染范围随之进一步扩大,所经之处河水均被污染,其间水生生物和沿岸植物大量死亡。昔日欢畅的河水处处被死亡的气息所笼罩。罗马尼亚、匈牙利和南斯拉夫三国经济损失惨重,并严重影响了沿岸人们的生产和生活。

联合国 2000 年 3 月 16 日发布的《世界水资源发展报告》中称,滋养着人类文明的河流在许多地方被掠夺式开发利用,加上工业活动造成的全球暖化,水资源已受到严重威胁——全球 500 条主要河流中至少有一半严重枯竭或被污染,生态系统遭到极大破坏。

美丽的多瑙河

罗马尼亚金矿氰化物污染事件只是全球水污染的一个集中体现,它所映射的水污染问题还将继续困扰着人类。

 **思 考**

1. 查找资料,了解多瑙河水系的相关知识。
2. 分组讨论:多瑙河水污染问题会进一步引发哪些突出问题?

## 二、环境问题的实质

一个功能完整、良好的地理环境具备自身系统内的自净功能和再生循环功能。人类向自然索取物质和能量,或者向自然环境排放废弃物的同时,环境也会对人类的活动产生反应,即利用自身的功能弥补或修复人类带来的影响,以保证自身的良性循环。但当人类向环境索取资源的速度超过了地理环境的再生或循环的速度,或者当人类向自然环境排放废弃物的数量超过了自然环境本身的自净能力,那么自然环境的良好功能就会被破坏,从而产生环境问题。

人类对环境问题的认识是相对滞后的。在人类社会发展中,大部分国家以破坏环境为代价来追求经济增长,从而造成了"先污染后治理"的局面。

**活动**

　　模拟召开"联合国环境大会",选拔同学分别扮演主持人和不同国家的发言人,针对"环境问题谁应该负主要责任"展开讨论。

　　讨论提纲如下:

　　(1) 在人类社会发展过程中,环境问题是必然产生的吗?

　　(2) 你认为发达国家和发展中国家通过哪些努力可以减轻环境问题?

　　(3) 有人说:"环境问题其实质就是发展问题。"你认为他这种说法正确吗?为什么?

测一测

# 第三节　可持续发展实践

 **课前活动**

[案例分析]

　　在 1992 年的世界环境与发展大会上,12 岁的加拿大女孩珊文·铃木发表了一次感动世界的演讲,她说:"我们没有什么神秘的使命,只是要为我们的未来抗争。你们应该知道,失去我们的未来,将意味着什么……请不要忘记你们为什么参加会议,你们在为谁做事。我们是你们的孩子,你们将要决定我们生活在一个什么样的世界里……"这是一个孩子对恣意挥霍自然资源的父辈们的请求和呼吁。

　　依据此案例,思考:我们当代人在生产和生活上是否应该有所节制,充分考虑后代人的利益?

## 一、可持续发展的概念和原则

　　20 世纪 60 年代以来,人口激增、资源短缺、环境污染、生态破坏等问题日益突出,人类被迫重新审视自己的经济行为和社会行为,环境和发展的问题开始得到国际社会的普遍重视。人们逐渐认识到以牺牲环境为代价的片面追求经济发展,只能给地球和人类带来毁灭性的灾难。在这种认识的基础上,20 世纪 70 年代开始,以联合国召开的一系列环境会议为契机,可持续发展的思想逐渐形成并得到发展。1987 年,以挪威前首相布伦特兰夫人为首的世界环境与发展委员会在联合国文件《我们共同的未来》中正式提出了"可持续发展"的概念和模式。

　　按照世界环境与发展委员会给出的定义,可持续发展是指既能满足当代人的需要,又不对后代人满足其需要的能力构成危害的发展。它是一个包含经济、社会、技术和自然环境的综合概念,概括起来包括生态持续发展、经济持续发展和社会持续发展,三者相互联系、相互制约。可持续发展要求人们与自然和谐共处,能够认识到自己对自然、社会和子孙后代的责任;要求人们必须具有很高的道德水准,保护好人类生存和发展的资源和环境基础。

　　实现可持续发展,需要遵循三个基本原则。

第一,公平性原则。包括同代人之间、代际之间、人类与其他生物种群之间、不同国家与地区之间的公平。

第二,持续性原则。持续性是指生态系统受到某种干扰时能保持其生产率的能力。地球的承载力是有限的,人类的经济活动和社会发展必须保持在资源和环境的承载力之内。

第三,共同性原则。发展经济和保护环境是世界各国共同的任务,需要各国的积极参与。同时,地球是一个整体,地区性问题往往会转换为全球性问题。这就要求各个地区的决策和行动应该有助于实现全球整体的协调。

洞庭湖被砍倒
的黑杨

## 阅读

### 可持续发展思想的历程

| | |
|---|---|
| 1972 年 6 月 5 日 | 联合国在斯德哥尔摩召开了人类环境会议,正式讨论"可持续发展"的概念。 |
| 1980 年 3 月 | 联合国大会首次使用"可持续发展"概念。 |
| 1987 年 2 月 | 世界环境与发展委员会公布题为《我们共同的未来》的报告明确提出"可持续发展"的定义和模式。 |
| 1992 年 6 月 | 在里约热内卢召开了"联合国环境与发展大会",会议通过了《21世纪议程》,阐述了可持续发展的具体实施标准,标志着可持续发展从理论层面走向实践层面。 |
| 1994 年 3 月 | 中国政府通过《中国 21 世纪议程——中国 21 世纪人口、环境与发展白皮书》,成为首个公布国家级可持续发展战略的国家。 |
| 1994 年 7 月 | 中国制定了"中国 21 世纪议程优先项目计划",用实际行动推进可持续发展战略的实施。 |
| 1995 年 9 月 | 中共十四届五中全会通过的《中共中央关于制定国民经济和社会发展"九五"计划和 2010 年远景目标的建议》,正式把可持续发展作为我国的重大发展战略提了出来。 |

21 世纪议程

## 二、实践可持续发展的途径

要建立一个可持续发展的社会,首先要建立一个可持续发展的经济。如果没有高度可持续发展的经济,人类高度的物质文明和精神文明就失去了物质基础。循环经济是现今国际社会推进可持续发展的实践模式。它是一种"资源—产品—废弃物—再生资源"的反馈式循环过程,是以尽可能小的资源消耗和环境成本,获得尽可能大的经济效益和社会效益,从而使经济系统与自然生态系统的物质循环过程相互和谐的经济增长方式。

在生产过程中,循环经济要求遵循"3R"原则:

Reduce——资源利用的减量化原则,即在生产的投入环节减少输入自然资源的总量;

Reuse——产品再使用原则,即尽可能延长产品的使用周期,并在多种场合使用;

Recycle——废弃物的再循环原则,即最大限度地减少废弃物排放,力争做到排放的无害化,实现资源再循环。

工业是现代化经济的核心,也是社会发展不可缺少的动力。在工业经济结构调整中,实现循环经济的基本途径是清洁生产。清洁生产包含生产全过程和产品周期全过程的清洁过程控制。对生产过程而言,清洁生产包括节约原材料和能源,淘汰有毒有害的原材料,并在全部排放物和废物离开生产过程以前,尽最大可能减少它们的排放量。对产品而言,清洁生产旨在减少产品整个生命周期过程即从原料的提取到产品的最终处置对人类和环境的不利影响。

图 10.7 为酒精工业在清洁生产过程中的工艺流程图,仔细观察整个流程,分析它是如何实现循环经济中的三个原则的。

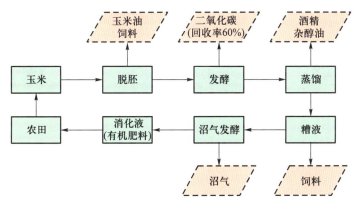

图 10.7　酒精工业清洁生产工艺流程图

 **活动**

1. 在酒精加工过程中,哪些在传统生产过程中的废弃物被重新利用? 最终获得了哪些产品? 最终产生了哪些废弃物?
2. 整个生产过程是如何实现循环经济中的"3R"原则的?
3. 尝试设计一个以"循环使用"为主题的学前教育活动。

农业是人类最宏伟的事业,人类的衣、食、住、行都直接或间接地与农业生产有关。目前,发展持续农业已成为全人类的共同目标。在农业生产领域,农作物的种植和畜禽、水产的养殖通过先进技术实现循环产业链,推进生物资源的循环利用,突显农业生态系统的整体功能,形成生态农业,以实现循环经济。这些循环产业链包括五个:一是种植—饲料—养殖产业链;二是养殖—废弃物—种植产业链;三是养殖—废弃物—养殖产业链;四是生态兼容型种植—养殖产业链;五是废弃物—能源产业链。这个循环产业链,充分促进了农业生产和生态环保之间的融合,优化了农业生态环境,真正实现了农业的可持续发展。

案 **4** 例

生态农庄近年来逐步成为中国现代农业的重要组成部分,它彻底颠覆了传统养殖场环境脏、乱、差,到处臭气熏天、污水横流的低效益生产方式。生态农庄以生态、环保、绿色为目标,在其内部充分利用生物资源,按照循环经济的理念进行生产。经过多年的循环生产,生态农庄往往会形成一个绿树浓荫、四季鸟语花香的度假村(图 10.8)。

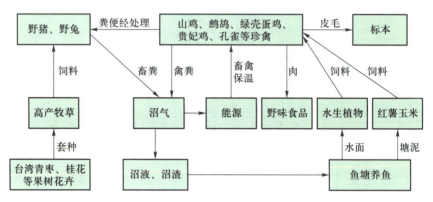

图 10.8    某生态农庄的生态循环图

 **思 考**

1. 你能在图中找到几条循环产业链?
2. 这些循环产业链分别是由什么构成的?

**阅读**

### 我们在行动

自从我国发布《中国 21 世纪议程》以来,中国正在从各方面展开可持续发展的宣传和实践。图 10.9 为 2006 年在中国举行的"穿越长三角——绿色出行看世博"联合行动。参加这次活动的志愿者们经过了 18 天的骑行,先后经过了长三角 16 个主要城市,于 10 月 30 日到达上海。一路上,志愿者们用真实的行动号召人们"少开一天车","零碳排放,绿色骑行",向过路的人们宣传绿色生活、低碳生活的概念和意义,为中国正在进行的可持续发展实践活动"助力"。

2015 年 9 月,联合国可持续发展峰会通过了《2030 年可持续发展议程》,中国政府高度重视,

图 10.9    绿色出行看世博

率先发布了落实 2030 年议程的国别方案。至 2019 年,中国已两次发布国别进程报告,在全球减贫、碳排放量下降、教育和医疗等方面取得重要进展。

推动中国可持续发展的环境措施

 **思考**

1. 为什么中国必须要走可持续发展的道路?

2. 从我们自身考虑,我们平时的哪些行为符合可持续发展的要求?

3. 可持续发展是 2022 年北京冬奥会的主要理念之一,查找资料,分析 2022 年北京冬奥会是如何在各个方面实现可持续发展理念的?

## 阅读材料　"现代环境保护运动之母"——蕾切尔·卡逊

1907 年 5 月 27 日,一个普通的一天,没有谁会想到在美国宾夕法尼亚州匹兹堡市泉溪镇一间农舍里出生的一个小女孩将给这个世界带来不平凡的一笔。

测一测

小女孩叫蕾切尔·卡逊。受母亲的影响,她在成长过程中始终充满了对生命和自然的热爱。从约翰·霍普金斯大学获得动物学硕士学位后,她受雇于美国渔业局并为《巴尔的摩太阳报》撰写科学史方面的文章。儿时就已显露出的文学天赋使她喜欢用自己的方式来表现科学。她将一些政府机构的科学研究成果改写成抒情散文,这种科学作品很快被大众所接受和喜爱。《寂静的春天》就是她众多作品中的一本。

《寂静的春天》于 1962 年出版,该书在当年销售量达到近 50 万册。书中详细描述了滥用 DDT 等杀虫剂带来的严重环境危害,这些内容对当时农业科学家的科学实践活动和政府的政策是一个巨大的挑战。与此同时她通过多种渠道号召人们改变对自然世界的看法和观点。由于她对公众和政府加强环境关注和保护的呼吁,最终促成了美国国家环境保护局的建立和"世界地球日"的设立。她也被人们公认为"现代环境保护运动之母"。

## 【本章小结】

地理环境是人类生存的唯一环境。对人地关系的研究一直存在于人类社会发展的整个历程中。随着生产力的发展,环境决定论、人定胜天论和人地和谐论等不同的人地关系思想在不同的时代占据着主导地位,并影响着人们对待自然地理环境的态度。

当今世界全球性环境问题越来越严重,人们更多地关注环境问题的实质,以寻求解决问题的方法。环境问题的实质就是发展问题,很多环境问题是由于人类片面的追求经济效益而造成的。

面对环境问题,人们提出了可持续发展的理念,并且寻找到循环经济这一实践模式,以期达到人类和地理环境和谐发展的最终目标。

## 【参考文献】

[1] 樊杰,高俊昌. 普通高中教科书:地理(选择性必修第三册)[M]. 北京:人民教

育出版社,2020.

[2] 仇奔波. 地理选择性必修 3 资源、环境与国家安全[M]. 济南:山东教育出版社,2020.

[3] 马光. 环境与可持续发展导论[M]. 3 版. 北京:科学出版社,2014.

## 郑重声明

高等教育出版社依法对本书享有专有出版权。任何未经许可的复制、销售行为均违反《中华人民共和国著作权法》，其行为人将承担相应的民事责任和行政责任；构成犯罪的，将被依法追究刑事责任。为了维护市场秩序，保护读者的合法权益，避免读者误用盗版书造成不良后果，我社将配合行政执法部门和司法机关对违法犯罪的单位和个人进行严厉打击。社会各界人士如发现上述侵权行为，希望及时举报，我社将奖励举报有功人员。

反盗版举报电话　(010)58581999　58582371

反盗版举报邮箱　dd@hep.com.cn

通信地址　北京市西城区德外大街4号　高等教育出版社法律事务部

邮政编码　100120

### 读者意见反馈

为收集对教材的意见建议，进一步完善教材编写并做好服务工作，读者可将对本教材的意见建议通过如下渠道反馈至我社。

咨询电话　400 - 810 - 0598

反馈邮箱　gjdzfwb@pub.hep.cn

通信地址　北京市朝阳区惠新东街4号富盛大厦1座

　　　　　高等教育出版社总编辑办公室

邮政编码　100029

### 资源服务提示

授课教师如需获得本书配套教学资源，请登录"高等教育出版社产品信息检索系统"(http://xuanshu.hep.com.cn/)搜索本书并下载资源，首次使用本系统的用户，请先注册并进行教师资格认证；也可发送电邮至资源服务支持邮箱：songchen@hep.com.cn，申请获得相关资源。

### 联系我们

本书编辑邮箱：liwn@hep.com.cn